愚蠢的智人

不要让"常识"欺骗了你

格列柯南　著

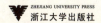

ZHEJIANG UNIVERSITY PRESS
浙江大学出版社

图书在版编目（CIP）数据

愚蠢的智人：不要让"常识"欺骗了你/格列柯南
著.—杭州：浙江大学出版社，2020.9
ISBN 978-7-308-19724-3

Ⅰ.①愚… Ⅱ.①格… Ⅲ.①观念—通俗读物 Ⅳ.
①B017-49

中国版本图书馆CIP数据核字（2019）第257214号

愚蠢的智人：不要让"常识"欺骗了你
格列柯南　著

策划编辑 张　婷
责任编辑 张　婷
责任校对 陈　翩
出版发行 浙江大学出版社
　　　　　　（杭州市天目山路148号　邮政编码310007）
　　　　　　（网址：http://www.zjupress.com）
排　　版 杭州林智广告有限公司
印　　刷 浙江印刷集团有限公司
开　　本 880mm×1230mm　1/32
印　　张 6.375
字　　数 105千
版 印 次 2020年9月第1版　2020年9月第1次印刷
书　　号 ISBN 978-7-308-19724-3
定　　价 48.00元

自 序

原本打算结集出版一本关于"被常识误导"的书，最后选定的这数十篇文章，大部分都指向了这样一个话题：演化论。

但请读者朋友们别担心，里面并非头头是道的理论探索，而是关于生活中各个方面的思考，只是更多地借鉴了来自当代演化生物学和认知科学的研究成果。

我本科学的是经济学，西方经济学的理论与传统的政治经济学完全不同，那时候觉得，这门学科太美妙了，大学的公共课程应该将西方经济学纳入通识教育中。

随着阅读的深入，我越来越觉得不对劲，经济学将道德置之事外，这不符合我的认知，因此深感有必要深入哲学，去寻找更深层次问题的解答。

于是硕士阶段我转向了哲学，因为觉得哲学是各门学科研究到深处后必须去面对的话题。然而，哲学最终也并没有给我有用的解答。

哲学研究偏重理论，讨论的问题更加抽象，与实际生活仿佛不沾边。西方哲学鼻祖苏格拉底曾说过：未经反思的生活是不值得过的。但后世的哲学家们好像都忘了这句话，认为生活不值得花时间反思。

博士阶段的我埋头历史的故纸堆里，看着古往今来形形色色的人类生活，伟人辉煌一生，凡人辛苦一世，也都不过是一生一世而已，无论他们在历史上有没有留下姓名。念天地之悠悠，独怆然而涕下。

在历史学中我找不到自己想要的答案，最后，却回到了雅典神庙上的那句话：认识你自己。但从何做起？

幸而接触到了演化论和认知科学，发现我想要找的答案原来在这里。有丰富的科学理论和实验作为支撑，结合个人生活与经历，才有了这样一本书。

全书分为五章，讨论演化理论的不同面向。

在这个科技已经深深嵌入我们日常生活的时代，我们会不会变成科技的奴隶？如何从技术霸权中获得自由？文中给出了一些个人意见。

从教育、婚恋和家庭的角度，我们是不是受到基因的影响，过着被基因编译好的人生？如果不能够认识到这一点，何谈认识自己？

还有深入认知科学的层次。我们自称智人，但却如此愚蠢。我们以为的理性决策，更多是被情绪所控制，而基因就是情绪的主谋……

全书文章之间看似零散，其实具有主线的，即演化论与认知科学。在我看来，佛陀让我们看透、看空一切，达尔文的理论则用科学告诉我们同样的道理。

或许，我的下本书就是关于达尔文与达摩的。

CONTENTS

第一章
从直觉到理性，从理性到意义

CONTENTS

CONTENTS

第三章
可以逆向思维的生活圈

CONTENTS

CONTENTS

第五章
你的身体欺骗了你

愚蠢的智人：不要让『常识』欺骗了你

第一章
从直觉到理性，从理性到意义

你是"认知吝啬鬼"吗？

对于这个问题，读者朋友先不要急着肯定或否定，不妨先来做一道测试题：

小王看着小李，小李看着小张。小王已婚，小张未婚。

那么请问：是否有一个已婚的人在看着一个未婚的人呢？

A.是　　　B.不是　　　C.不确定

先记下你的答案，文末我们再公布结果。不过答错了的朋友也不要太过在意，因为实验结果显示80%的人都会回答错误，也没什么好丢脸的。

一口就给出答案、又回答错误的人，往往就是一个"认知吝啬鬼"。斯坦诺维奇有本书叫《超越智商》，其副标题是"为什么聪明人也会做蠢事"。答错题的你或许还略感欣慰："嗯，看来我错了也无关紧要，至少证明我还是个聪明人。"要是你这么想，还真是有些"无可救药"了。因为，答错题并不代表你聪明，即便是聪明的人，一旦做了傻事，依然会显得愚蠢。

要理解斯坦诺维奇的问题，首先要明白直觉、智商和理性之间的区别。斯坦诺维奇分别称之为自主心智、算法心智和反省心智，为了避免你被这些抽象的称呼吓倒，我们在这里还是采用比较通俗的叫法。

这里的直觉（自主心智）并不是指像巴甫洛夫那只狗一样的简单条件反射，而是指我们遇到事情的时候，自动化加工处理事情的能力，有时候我们称之为直觉反应，有时候叫作本能。直觉是我们最先进化出来的，其特点是反应速度快，可以多线程处理事情，例如见到狮子撒腿就跑，看到类似蛇一样的东西赶紧往后退，等你反应过来的时候，才发现已经距离危险事物很远了。

我们大部分时候都是通过直觉来思考的，身体感受到了什么，出现了什么情绪，这都会影响到你的决策。别以为自己选择的时候是理性的，例如你喜欢上一个人，靠的就是直觉，而不是分两栏列出自己不喜欢的、喜欢的条件，再确定对方值不值得喜欢。

智商（算法心智），就是我们通常所说的计算、记忆能力，这是比较晚才进化出来的技能，我们学会了测量三角形的面积，学会了给动植物分类，学会了股票投资，当然还学会了语言能力，等等。

智商是比较容易测量的内容。当然，智商高，并不代表不会做傻事。塔勒布、卡尼曼和艾瑞里等人在研究著作中都举了很多智商高的人做蠢事的例子，尤其以塔勒布所批判的经济学家为代表。还有如统计学家在日常生活中也容易犯一些普通人犯的概率错误。不过这也没什么好丢人的，毕竟我们进化成现在这个样子并不是为了懂得贝叶斯定理，而是为了寻找食物和避免被当作食物。

理性（反省心智）指的是一个人的反思能力和决策能力等，这是当前智力测验经常忽视的内容，也是最终能够解释聪明人做蠢事的根本原因所在。理性与智商不同，理性是我们能够动用我们的大脑去研究、反思和提出质疑的依据。

很多教授、投资人智商超人，然而在投资股票的时候屡屡犯错，这就是理性出了问题。斯坦诺维奇举例说：

> 我们诧异于医生在金融投资中输掉所有的积蓄，也为受过训练的科学家信仰神创论而感到震惊。我们无法理解为什么受过高等教育的专业人士会去墨西哥找赤脚医生看病，而不选择经过科学检验的医疗方法。我们迷惑于有些大学历史教授否认犹太人大屠杀，也为在高中当老师的邻居想拉我们做传销而大为吃惊。

这就是斯坦诺维奇说的"理性障碍"。从直觉或者本能来说，研究并没有显示出人种、性别和其他方面在这方面的差异，因为这是我们进化过程中最先发展出来的品质，一如人脸识别、亲属识别等能力。

而后来才进化出现的智商和理性就不同了。智商一半来自教育，一半来自遗传。因此，智商的高低，因人种等外在因素呈现很大的不同。现今的学校教育和职场，通常只看重智商这一块，而忽视了理性。

中国的学生在考试上有优势，因为我们的教育从小强调记忆、背诵，在智商测试上也常领先其他国家。然而，我们的理性思维能力却不足，面对问题，很难提出具有创新性的解决之道。

因此，斯坦诺维奇就提出了"理商"（RQ）一说，呼吁关注理性思维，培养反省心智。什么是理性思维呢？要回答这个问题，我们首先要认识到自己为何是一个"认知吝啬鬼"。

如前所述，很多时候我们善于动用本能和直觉思维，这种思维快速，但准确性不高。然而，理性要求更为慢速的信息加工，卡尼曼在《思考，快与慢》一书中就把慢速思考那部分称为系统2，这个系统不能同时处理很多任务。如你在散步的时候，要你计算27乘以38，你就要停下脚步来计算，而此时若再让你同时说出毕达哥拉斯定理，你的思维恐怕就要卡壳了。

但你可以轻易地在开车的时候，调整空调温度，切换音乐，甚至能够和副驾驶座上的朋友聊天，这些动作大部分都是你动用直觉完成的，这是卡尼曼所说的系统1的工作，它可以并行处理很多任务，而且非常快速，在你不知不觉的情况下完成。

在日常生活中，我们大部分时候用的都是直觉思维系统，也就是系统1。我们通常不愿意去麻烦费时费力的系统2。因此，在原始采集社会中，凭借系统1足够应付生活中的各种问题，但在当今需要大量计算、比较和从众多信息中分辨真伪的情况下，我们若仍采用直觉系统，就容易犯错误。

斯坦诺维奇就把我们这些习惯用直觉（系统1）思考的人称为"认知吝啬鬼"。即便是高智商人群，也很容易启动快速的直觉思维，不知不觉成为"认知吝啬鬼"。行为经济学和心理学方面的研究人员做过很多类似的实验，并将这种现象称为思维谬误或认知偏差，如"锚定效应""从众效应""后见之明"等。

本篇开头的测试题就属于其中一种，正确答案是A（是），但很多人选择了C（不确定），因为他们认为小李的婚姻状况无法确定，因此就得出了这个答案。实际上，如果我们稍微分析一下，就能推导出结果。假设小李未婚，那么已婚的小王看着未婚的小李，答案选A；假设小李已婚，那么已婚的小李看着未婚的小张，答案仍然选A。

你看，这是一道多么简单的推理题，回答错误的人不是没有这个能力去推导，而是他们认为这道题不值得认真用脑，称他们是"认知吝啬鬼"一点也不为过。对此，斯坦诺维奇如是说：

> 人们倾向于寻找显而易见的表面信息，而不愿意对已有信息进行加工推论，进而得出更全面、准确的信息。

为何我们容易成为"认知吝啬鬼"？斯坦诺维奇指出，要么是因为我们的脑子里安装了有缺陷的软件（心智程序缺陷），要么安装的根本就是病毒（污化心智程序）。

有缺陷的软件让我们不能识别贝叶斯概率、备择假设、可证伪性；而病毒软件则干脆让我们即使有两个脑袋，也只会加倍愚蠢。

幸好，我们不必悲观失望，有很多方法和途径能够提高我们的"理商"，即便是对智商不高的人，也依然行之有效。

有两种途径可以让我们远离"认知吝啬鬼"之名。研究显示，对于智商高的人来说，其在得到提示和工具之后，能够有效地避免成为一个"认知吝啬鬼"。例如，对决策进行回顾，就像读书时老师教的那样，把自己计算的结果代入，看是否正确。

而大多数智商平平的人，也能通过实践和经验发现这种智慧，这也正是塔勒布在《黑天鹅》和《反脆弱：从不确定性中获益》两本书里所提倡的经验主义。一个人可能没上过学，但社会经验丰富，很多问题就能够凭借自己摸爬滚打所总结出来的宝贵经验进行处理。积累丰富的经验，并善于总结分析经验，也是一种方法。

最后，再放出一道测试题，这是很多来自麻省理工学院、普林斯顿大学和哈佛大学等知名高校的天之骄子，也都会答错的一道题目：

球和球拍的总价是 1.1 元，已知球拍比球贵 1
元。那么，请问球的价格是多少？

这里不再给出答案，读者朋友在计算出结果之后，再套入
其中进行验证，看你的答案到底对不对。这里也是为了给出提
示，看你到底有没有学会如何规避成为一个"认知吝啬鬼"。

本篇的总结就是，请别再拿智商（IQ）说事，要看就看理
商（RQ）高不高。

推荐阅读：基恩 E. 斯坦诺维奇著《超越智商：为什么聪明人也会做蠢事》

贝叶斯定理

故事一：资产负债择偶法

著名的贝叶斯定理的提出者——托马斯·贝叶斯（Thomas Bayes）年轻的时候，心仪两位姑娘，两位姑娘也都爱慕着贝叶斯。贝叶斯不想做一个脚踏两只船的人，但两位姑娘都很优秀，一时间贝叶斯无法做出选择。

贝叶斯在伦敦的时候，认识了一位来自新大陆的商人，名叫本杰明·富兰克林。富兰克林告诉他："如果你心存疑虑，不妨在一页纸上画出两栏，分别写下喜欢和不喜欢的理由，如果两位姑娘其中的一项理由互相抵消的话，那么就画掉，继续写其他理由。最后看看哪一个更占优势，你就有决定了。"

富兰克林把他的这项选择女朋友的方法，称为"资产负债择偶法"。贝叶斯听后非常受用，于是按照富兰克林的方法照做。最后，他确定了最佳伴侣的人选。

　　然而，在和这位姑娘结婚后不久，两人各方面的性格不合，思想观念差异太大。最终，贝叶斯不得不和这位"最佳"配偶离婚。

故事二：贝叶斯夫人择校法

　　贝叶斯后来和另一位姑娘结了婚，但用的不是富兰克林的"资产负债择偶法"，而是完全凭借自己的感觉。两人结婚后，生活美满幸福，并生了两个孩子。

　　后来，贝叶斯筹划着写他的那篇《机会的学说概论》。但这时候，贝叶斯和夫人就孩子如何上学这一问题产生了矛盾。

　　两个孩子都处于青春期，因为大儿子已经辍学，所以就想给小儿子选择一所辍学率低的学校。有两所学校进入了他们的选择范围，但两所学校都没有公布自己的辍学率。于是，贝叶斯夫妇不得不自己搜集信息，来推测两所学校的辍学率。

　　贝叶斯搜集了两所学校的各种信息，包括出勤率、写作得分、社科分数、班级规模，等等。一两个月过去了，贝叶斯夫人问他，到底有没有结果。贝叶斯把18条线索采用多元回归分析法进行分析，最终仍没法确定结果。

　　贝叶斯夫人将贝叶斯收集到的信息拿过来，翻看了一下，就问贝叶斯："两所学校出勤率哪所高？"

　　贝叶斯回答："一样高。"

　　然后贝叶斯夫人又问："写作得分呢？"

　　贝叶斯回答："第二所高一点。"

贝叶斯夫人扔下手里的一沓资料说："那就选第二所吧！"

贝叶斯非常不理解，夫人为何如此武断地得出结论，就问她理由。

贝叶斯夫人回答说："想一想你的第一次婚姻为何失败吧！要相信自己的直觉！"

贝叶斯一时语塞，虽然听了夫人的话将小儿子送到了第二所学校，但他心有不甘。事后经过完整的资料分析发现，在择校问题上，还是夫人选择对了。

现实生活中，我们通常依赖自己的感性和直觉去选择爱人，几乎很少有人按照富兰克林的"资产负债择偶法"去挑选伴侣的，即便是按照这样的法则去选，难免也会离婚。看看我们可怜的贝叶斯第一次失败的婚姻就知道了。

对于择校这样的问题，看似需要理性思维介入，然而人们往往因为信息不足，陷入难以抉择的困境。反而是依赖少量信息，更有利于决策，而且其准确率往往高于通过复杂的理性计算得出的结果。

从传统经济学到行为经济学

传统经济学，这里是指从亚当·斯密到弗里德曼的经济学，其假设前提都是：所有人都是理性人，在市场经济活动中，我们通常以满足个人利益最大化为目标，找出最优、最有效率的解决方案。

然而，丹尼尔·卡尼曼和阿莫斯·特沃斯基对其发出了挑战。正如上述贝叶斯的两个故事，行为经济学家的矛头直指传统经济学的前提，认为人类在做决策的时候，通常是非理性的。

行为经济学家通过很多实验反复证明了这一点。有这样一道简单的题目：

> 球和球拍的总价是1.1元，已知球拍比球贵1元。那么，请问球和球拍的价格是多少？

这样一道简单的算术题，在美国大学生中做调查，错误率非常高。还有类似的"琳达问题"：

> 琳达，31岁，单身，她是一个率直且非常开朗的人。她学的是哲学专业。在上学期间，她非常关心性别歧视和社会公平之类的问题，还参加过反核武器游行。
>
> 下面两种说法，哪一种更有可能？
> A.琳达是一名银行出纳员
> B.琳达是一名银行出纳员，而且活跃于女权运动

同样的调查结果显示，在类似的问题上，人们常常不会动用自己的理性去思考，屡屡犯错。

丹尼尔·卡尼曼和阿莫斯·特沃斯基将传统经济学的理性人假设替换成了非理性人，并提出了自己的"前景理论"，即人们如何在不确定下做决策，并以此获得了2002年诺贝尔经

济学奖（不幸的是阿莫斯·特沃斯基没活到得奖的时候，于1996年病逝）。

从行为经济学到演化生物学

丹尼尔·卡尼曼和阿莫斯·特沃斯基的前景理论，经历了30多年的反复验证，已经成为当前经济学的标准模型之一。

卡尼曼的理论建立在人类拥有两个思维系统的模型之上，也就是他在《思考，快与慢》里所指的系统1和系统2。

系统1的运行是无意识且快速的，不怎么费脑力，没有感觉，完全处于自主控制状态。

系统2将注意力转移到需要费脑力的大脑活动上来，例如复杂的运算。系统2的运行通常与行为、选择和专注等主观体验相关联。

而这两个系统的提法，正是来自斯坦诺维奇和理查韦斯特率先使用的术语。

斯坦诺维奇后来将自己提出的系统1和系统2从原来的"双系统理论"更改为"双过程理论"，我们不用在意两者之间的差别。斯坦诺维奇认为，系统1（或进程1）来自进化较早的认知，而系统2（或进程2）则进化得较晚。

在《机器人叛乱：在达尔文时代找到意义》一书中，斯坦诺维奇将理论立足于道金斯《自私的基因》一书中提出的观点。道金斯认为，人类不过是"自私的基因"复制自己的载体，基因随时会抛弃我们，实现自己的利益。

斯坦诺维奇于是指出，如果我们是"自私的基因"的载体，那么载体如何反抗自私的基因呢？这是《机器人叛乱：在达尔文时代找到意义》一书的主题。斯坦诺维奇根据自己提出的双系统（双过程）理论，建立了人类的反抗模型。

虽然系统1与系统2在实现各自目标上，与基因和载体的利益互有重叠，但依然可以认为，系统1大部分时候实现的是基因的利益，而系统2可以实现载体的利益，这是我们能够反抗"自私的基因"的唯一法宝。

从直觉到理商

阅读斯坦诺维奇的书，可以看出他是一个思维非常清晰的人。在《超越智商：为什么聪明人也会做蠢事》一书中，斯坦诺维奇进一步将人类的系统2，划分为智商（IQ）和理商（RQ）两个部分。而系统1，我们称之为"非理性"或是"直觉"部分。这就是斯坦诺维奇的三重加工心智模型。

由于系统1过度依赖于自发性的类似条件反射的直觉思维，所有人类的这种思维模式基本相同，因此并没有进入他的研究范围。

《超越智商：为什么聪明人也会做蠢事》的主要目的在于批判社会过于关注智力，而不够注重反思和批判能力。所以，斯坦诺维奇提出来的"理商"概念，成为一种必备的认知能力，既能满足日常生活需要，也能满足决策和认知需要。

《超越智商：为什么聪明人也会做蠢事》提出了几种提高

"理商"的方法，例如，对"心智程序缺陷"而言，我们可以使用的工具包括：

    1. 贝叶斯定理

    2. 可证伪性

    3. 概率评估

    4. 反意思维

    ……

在很多时候，贝叶斯定理被认为非常有用。然而，在生活中我们能否记得住并正确地使用呢？

回归经验与直觉

无论是从演化生物学的角度为认知心理学奠定一个基础，还是从认知心理学的角度为行为经济学提供准则，斯坦诺维奇都找错了方向。

1. 基因是自私的还是利他的？

仅就道金斯的"自私的基因"来说，道金斯忽略了基因也可以是合作的、利他的。刘易斯·托马斯在《水母与蜗牛：一个生物学观察者的日记》一书中，讲述了一种水母和一种蜗牛彼此共生的关系。很多演化生物学家也指出，正是因为合作内置于人类的基因之中，我们才会有天生的利他行为。

因此，在这一点上，我们无须像斯坦诺维奇所描述的那样，把人类描述成被基因所控制的"机器人"。

2. 理性不能解决生活问题

贝叶斯及其夫人的故事，在我们生活中时常发生。我们日常做决策的时候，没有人会掏出个公式，然后计算贝叶斯概率。

虽然在行为经济学家看来，直觉是不靠谱的，然而格尔德·吉仁泽（Gerd Gigerenzer）却认为，通常情况下，我们直觉依靠的是"少即是多"的理念，既快速又精确，如同贝叶斯夫人择校的例子。吉仁泽称之为"经验法则"，在《直觉：我们为什么无从推理，却能决策》一书中，吉仁泽说道：

> 认知的进化也是以同样的方式进行的，它依靠的是"本能"的适配工具箱，我把它叫作"经验法则"或者"启发法"。

日常生活中，正如塔勒布在《黑天鹅》一书中所批判的，鸟类不是靠研究空气动力学等知识学会飞翔的。经济学家、行为科学家等告知我们的，依赖直觉，不能理性决策，在塔勒布或是吉仁泽看来，这些却都是"教鸟类学飞翔的学问"。吉仁泽认为：

> 直觉胜过了大多数复杂的推理和计算策略，我们也已知道如何利用它们，不让它们把我们带入歧途。

3. 道德去了哪里？

无论是传统经济学还是行为经济学，又或是斯坦诺维奇的那种认知心理学，都忽略了道德伦理。

我们不禁要问，道德去哪里了？

在理性，或者说是反省心智，或是工具理性中，都没有道德的空间，人按照利益最大化的原则行事。

试想，在你身边有这样一个人，他可能智力不高，但非常理性，凡事都会按照能够获得多少利益，去算计身边的朋友或者亲戚，满足利益最大化的要求。这样的人，你会交往吗？

经济学需要回到亚当·斯密的《道德情操论》上，而不是《国富论》上，而认知心理学则要回到人的直觉本身，而不是反省心智上。

而在演化生物学中，道金斯之外的学者建立了另一种基于合作、利他的基因理论，要不要了解一下呢？

当然，关于贝叶斯的两个故事，都是虚构的，改编自《直觉：我们为什么无从推理，却能决策》一书中的两个故事，"贝叶斯先生"用来指代我们"理性"的一面，而"贝叶斯夫人"代表我们非理性、直觉的一面。至于真实世界中贝叶斯是否结婚，是否有子嗣，我并没有查找到资料。

推荐阅读：格尔德·吉仁泽著《直觉：我们为什么无从推理，却能决策》

第一章

让哲学与生物学难堪的问题

西方思想家中，有个人极其讨厌，倒不是因为他长得丑，而是其思想中有一种摧毁性的力量。要说受他影响的人，从哲学家到科学家，从形而上学学派到古典经济学学派，简直有一长串人在这个名单上。甚至现在我们思考哲学、认知学和心理学问题时，也依然无法回避他，这个人就是苏格兰哲学家大卫·休谟。

令人讨厌的休谟

休谟首先质疑了我们固有的观念，B相继于A出现，我们就把其归结为一种因果关系。比如，一个B球撞击A球，使得A球运动，我们认为，B球是A球运动的原因。

牛顿第一定律就可能被解说成是惯性使然，背后肯定还有终极的第一推动力——神推了一把，让物体运动。

然而，就人类观察到的现象而言，B相继于A出现，只是个概率的问题，物理学不需要用因果律来解释世界。休谟指出，所谓的因果只不过是我们期待一件事物伴随另一件事物而来的想法罢了。

一个恶人死于意外，我们就说这是因果报应，这种带有宗教性的思想，很容易让我们理解人世的公平与正义。但在休谟那里，这个恶人的意外之死与另一个好人的意外之死并没有什么大的不同，一个人的死与之前他是好人还是坏人并没有联系。

这就是休谟"可恶"的地方之一。

休谟又继续指出，我们通过归纳的方法无法得出一般性理论，比如，我们看到很多天鹅是白色的，就断定天鹅都是白色的，并以白天鹅作为我们未来判定的基础。休谟认为这样的归纳方法是不靠谱的，因为我们并没有看到所有天鹅，只要有一只黑天鹅的出现，就可以全盘推翻这个理论。

太阳在前一万年里都在早上升起，但这并不能确保明天的太阳会继续升起。这还是概率问题，我们可以计算明天太阳毁灭的概率，从而判它明天能不能继续升起。

这是休谟"可恶"的地方之二。

休谟提出的这两个问题指出了人类思考的核心问题，就是形而上学理论是多么的不可靠，多么的独断。

休谟不仅让因果报应的说法看起来不靠谱，也让我们不能确定明天太阳是否会照常升起。休谟的怀疑主义让人类陷入了惊恐和不确定之中。

康德的哥白尼反转

康德说，休谟让其从独断论的迷梦中惊醒。

但康德不愿意承认世界是如此的不确定，他相信人类理性还是可靠的，怎么能让苏格兰的一个小商人就毁掉了方兴未艾的"启蒙运动"？

康德百思不得其解，最后，他将休谟的问题颠倒了过来，来了一次"哥白尼反转"。所谓"哥白尼反转"，就是原来大家认为太阳绕地球转，而哥白尼却反过来，认为地球是绕太阳转的。

康德在理性领域的"哥白尼反转"是这样的：人类不是通过后天的归纳得出一般性理论的，而是一般性理论框架存在于人类的头脑中，后天的经验材料只是用来充实先天性的理论。

也就是说，归纳和因果联系都是先天性存在于脑中的思维模式，太阳和天鹅等都是后天观察到的材料，只需将其纳入其中就行了。

我理解康德的意思，我们大脑中先天存在一个个小格子，我们将后天材料放在这些格子中就好了。时间和空间就是内置在我们脑中的小格子。你瞧，多完美的一个反转，将人类理性又从休谟的怀疑主义中挽救了过来。

然而，康德的先天性理论，其实又给"神"预留了一个空间，上帝又不知不觉地从先天性的概念里偷偷地溜进了人类的理性之中。

因此，康德为理性做了限定，我们无法理解先天的东西，就像我们无法理解内心的道德法则和头上的星空，这就为信仰打开了方便之门。

波普尔的证伪

在18世纪启蒙运动高举理性大旗，将神学排除在理性思考之外的时候，康德的确挽救了上帝，挽救了形而上学。然而，科学不允许留下这样一个后门，让神偷偷溜进来。

波普尔的出现，一举将先天性理论赶出科学之外。波普尔重新思考休谟的质疑，他承认归纳无法完美地解决一般性理论的问题，然而我们可以建立假设，再通过归纳来对假设进行证实或者证伪。

证伪的概念非常有用，如果一项理论和观点无法得到证伪，那么就是形而上学的问题，是无法用经验解决的问题，由此也应该排除在科学研究之外。比如上帝，因为我们无法证伪神的不存在或证实神的存在。

波普尔将康德的"先天性"丢进了形而上学的垃圾堆里，为科学研究的纯粹性提供了一项基础性理论。

目前，科学研究的基础，就是可证伪标准，简单来说就是，你的一项理论必须能够预测哪些会发生，哪些不会发生。如果不会发生的事情发生了，就需要修正理论或者寻找其他的理论来代替。

而不可证伪的理论则包含了所有可能性，例如一种"灵丹妙药"宣称可以治疗某种疾病,如果没有治愈,兜售"灵丹妙药"的人会指责是病人心不诚所以才没有起到作用,这样思想就被禁锢住,不可能取得任何进步,神学也是如此。

然而,波普尔的可证伪性理论很容易再次陷入虚无主义。例如波普尔认为,达尔文的进化论不是一种可被证伪的科学理论。波普尔让人以为,科学只不过是暂时性的、尚未被证伪的假说而已,因此神学家就可能再次用波普尔自己的"可证伪"武器,来批判科学并不是绝对真理。

认知心理学的双系统

因此,休谟的问题到此还没有结束。

近年来,心理学研究发现,人类喜欢使用因果关系,偏好归纳得出结论的思维,源于我们的一种自发式思考模式。人类具有两种思考模式,这就是双过程(双系统)理论:其一是自发性系统,其二是分析式系统。

卡尼曼在《思考,快与慢》中就提到,如果把香蕉和呕吐并列放在一起,就可能暂时性地形成一种因果联系,认为香蕉会引起呕吐反应。另外的心理实验也发现类似的结果,如让一组人用与老年相关的词语造句,另一组用与年轻相关的词语造句,结果会出现"佛罗里达效应",就是用老年相关词语造句的那一组行动要比用年轻相关词语造句的那一组慢,且表现得像个老人。

因此,对于认知心理学家来说,使用因果关系、归纳等方式来生活，就是我们与生俱来的一种认识世界的方式。然而，这种归纳通常是错误的，因果关系的建立也是勉强的。

休谟指出的问题，就是质疑我们自发式系统的可靠性，而这种质疑则是动用了他的分析式系统能力，发现了人在处理因果关系、归纳问题上的局限性。而波普尔更是加强了分析式系统的功能，让我们在限定的范围内去思考，去研究。

演化生物学的基因观

演化生物学家又进一步指出，我们的自发式系统是演化的结果，是我们面对生存环境的本能反应，这种反应内建于我们的基因，是可以遗传的习性（有些能力却可以通过后天培养变成一种自发式反应，如驾驶、游泳和骑自行车等）。而分析式系统无疑是后来才进化的，或许是在农业时代进化出来的，因为用到了计算等能力，这套系统只能通过后天习得，无法遗传。

由此，从基因遗传的角度，我们又一次回到了康德所说的先天性问题。只是康德的先天性，容易形成无法改变、命定的理解，而基因和遗传的观点认为，即便是自发性系统的思考模式，也能够被后天学习到的分析式系统所覆盖。

这样就拯救了休谟和波普尔，其实也拯救了康德，只是我们要把康德先天性的理论加以约束，相信我们后天的理性可以覆盖先天的习性。

《黑天鹅》的作者指出，我们人类习惯于忽略不可预测事件（黑天鹅事件）的影响。实际上，我们也能够理解，自17世纪科学革命以来，启蒙时代的休谟已经发现了先天思维（自发式系统）的局限性，而康德又挽救回来。但自此之后，科学与哲学就在互不理解的道路上越走越远。

自19世纪的科技大爆炸以来，人类在石器时代进化而来的自发式系统，已经无法跟上新时代的思维，我们的分析式思维变得越来越专业。依靠基因进化而来的自发式系统，我们无法理解量子力学的概念，无法理解大爆炸前时间不存在的说法。

因此，达尔文的理论与我们的直觉（自发式系统）相违背，我们无法思考；量子力学的不确定性原理我们无法理解；薛定谔的那只猫既活着又死了，是什么意思？

就连在启蒙时代基于人的理性观念建立的陪审团制度，近年来也受到了认知心理学的诘难：这些陪审员，包括法官，和我们所有普通人一样，用的还是自发式系统的直觉思维，在律师油嘴滑舌的引导下，错判误判层出不穷。

包括我们普通人对科学（包括进化论）的排斥，也可以理解为科学在近100多年取得的进步，已经完全颠覆了我们演化了数万年出现的自发式系统，我们的教育和理性思维能力还没有跟上科学进步的步伐。

也就是说，我们还在用石器时代的自发式观念，在互联网时代生活。

休谟替自己写的墓志铭是："生于1711，死于□□□□——

空白部分就让子孙后代来填吧。"

的确，直到现在，休谟还"活着"，仍"阴魂不散"。本文算是一篇祭奠，希望他在爱丁堡卡尔顿山丘的"简单罗马式"墓地里安息。

推荐阅读：迈克尔·加扎尼加著《人类的荣耀：是什么让我们独一无二》

在减肥的时候如何做到不吃甜食？

　　这篇文章实际上是想以人类对糖（甜食）的偏好为例，分别用经济学、心理学和生物学的理论，来分析各个理论的缺陷和不足之处，算是有趣的智力训练，也是对这几个学科基础理论的科普。

　　在这里你也可以看到，自己在动用理性系统决定减肥的时候，为何抵挡不住直觉系统对外界诱惑的反应，虽然这只是一个简单的现象，却涉及复杂的理论。比吃甜食更重要的是，如何在两个自我之间找到一种平衡。

经济学

　　我们不妨先以亚当·斯密的观点来看待糖的问题，这也是经济学的主要方法。以下只是用其思路来分析，并不是真实的历史。

　　英国人极度偏爱糖（几乎没有人不爱糖），然而众所周知英格兰恶劣的气候使得那里根本不适合蔗糖作物的种植，花费很大力气在英格兰种植蔗糖作物是徒劳的，所以应该从其他产糖的国家进口蔗糖，这才是一种最为合理的方式。这就是经济学中的"分工理论"。

英国人发现，当时沦为葡萄牙殖民地的巴西，生产的糖非常优质。然而葡萄牙限制贸易自由，对出口英国的配额做了限定，这就导致了英格兰的糖价非常高。根据"供求理论"，供给少需求高自然导致价格高。

于是，为了降低糖的价格，英格兰有三种策略可供选择。

第一，与葡萄牙谈判，提高蔗糖出口英国的配额，然而葡萄牙政府显然不同意英格兰的提议，这样会使得其他国家也要求提高配额，从而影响到整体价格。

第二，英格兰安排亲信（这只是一种形象的说法）散布亚当·斯密的经济学理论，改变葡萄牙政府官员的看法，最终使其同意开放市场，实现贸易自由。但这要花费很长时间才能见效，毕竟葡萄牙政府可以采用相反的策略，限制亚当·斯密理论的传播，并将信奉亚当·斯密的人视为异类，加以处罚。

第三，英国绕过葡萄牙，直接与巴西进行贸易。葡萄牙肯定会制止，但英国可以动用武力，要么让巴西从葡萄牙手中独立出来，要么采用海盗手段截获从巴西运往葡萄牙的装满蔗糖的船只。这样可能导致两国兵戎相见，但英国并不是没有获胜的可能，所以第三种最为快捷有效。

这是主流经济学看待蔗糖贸易经济的理论。虽然这一理论受到了不少批判，如列宁就认为自由市场理论是帝国主义征服世界的工具，是资本主义进入帝国主义阶段的最新发展。

然而，亚当·斯密开创的经济学在解释人类经济行为方面虽然不完美，但确实是非常有效的一种方式。直到近年来，才出现了对其假说的质疑。

认知心理学

人类对于甜食的偏好本身就是非理性行为，长期食用过多甜食，对健康无疑是有害的。这是诺贝尔经济学奖获得者丹尼尔·卡尼曼用行为经济学提出的质疑。卡尼曼用双系统理论分析，人类见了甜食就流口水的反应是我们大脑中直觉系统的自发式反应，大概和巴甫洛夫那只见了他就流口水的狗差不多。卡尼曼认为，人类大多时候就是直觉动物，受到非理性控制，所以亚当·斯密的假设就是错的。

如果人是理性的，就应该从长期的观点来看，知道甜食对身体有害，避免食用甜食。但英格兰人在喝咖啡或是果汁、茶的时候，就不自觉地加入了糖。以行为经济学家如理查德·泰勒的观点来看，要促使人避免这种自发式反应，需要旁人（政府）来助推一把。

比如，英格兰政府可以出台政策，规定每家咖啡馆为客人提供的糖不能超过一包，同时默认不提供糖包，需要客户主动索取。这就是行为经济学具体的政策应用：助推。

然而，这种助推在现实中可能遇到问题，比如各种冰淇淋广告，使用鲜艳诱人的色彩暗示来进行另一种"反助推"，加强消费者对糖的自发式反应，这样就能让消费者从咖啡和茶中跳出，投进冰淇淋的"怀抱"。

这是认知心理学为亚当·斯密的经济学提供的一种改进版本，即质疑了人是理性人的前提，然而经济学的基本供求理论，是认知心理学无法打破的铁律。也就是说，行为经济学为我们提供了一个契机，让我们认清自己在消费过程中有多少情况是非理性的决策。

然而，这却不是根本问题。根本问题是，人类为何会对甜食有偏好，这就涉及演化生物学。

演化生物学

人类对甜糖（食）的喜好是由我们的基因决定的，糖分能够提供热能，这是身体这个载体所需的基本能量。

水果鲜艳的颜色促使动物帮助它们传播繁衍。水果的未成熟状态会带有刺鼻的味道，让动物和人类主动避开，而成熟后则呈现各种鲜艳的颜色，吸引人类和动物食用后，将含有其基因的果核进行传播。

早期人类社会，女性是采集的主力，男性负责外出打猎，女性比男性更偏好甜食，这也是演化生物学告诉我们的事实。因为在采集过程中，女性先食用了那些成熟的果实，然后将不熟或未完全成熟的果实带回去，男性就需要等待水果放置成熟后再食用，这也限制了男性对（含糖）水果的喜好。

这里需要为认知心理学提供一个演化生物学的基础。既然基因让我们选择喜欢甜食，那甜食对于基因的复制一定是有益的。然而，基因注重的是短期利益，它不在乎人类这个载体未来的健康程度，只要在繁衍期内甜食的摄入不会导致问题就行。

因此，我们看到，年轻女性的身体相对较少受到甜食的影响，反而是在生育之后，甜食的影响才凸显出来。这时候，基因已经成功地复制了自己，并尽可能地从母体摄入的过多甜食中，为后代提供了足够的营养。至于母体变胖等因素，由于基因已经抛弃了载体，所以这不再是它所要考虑的事情了。

这里我们就为卡尼曼等人所说的直觉反应系统（系统1）提供了演化生物学解释。以卡尼曼和斯坦诺维奇等人的观点来看，人类这个载体要摆脱直觉喜欢甜食的"天性"，就要动用后天的理性思维能力，少摄入一些糖分，严格控制饮食。

然而，说起来容易，做起来难。卡尼曼和斯坦诺维奇都忽略了一个重要的因素，就是我们的直觉系统能够控制我们的情绪反应，中断摄入糖分，会导致精神状态低迷，控制越严格，就越容易导致各种心理疾病的产生。

这是直觉系统与理性系统在闹不和。一个动用了理性系统、试图控制身材的人，制订了减肥计划，减少了糖的摄入，然而他的直觉系统却不乐意了。因为进食是基因为人类设置的一个基本欲求，基因通过情绪来控制欲求，进食时你会觉得开心，而饿了就会变得沮丧和脾气暴躁。

试图通过节食控制甜食摄入的人，往往会出现一定程度的抑郁情绪。我们知道，情绪上出现问题，往往会导致身体出现各种问题。

不摄入糖分，比起可能的"三高"症状，心理和身体随后出现的其他反应，短期来看问题更加严重。有效地控制自己的情绪，这是动用理性难以做到的。

结　论

本篇我们以人类对糖（甜食）的喜好为例，动用了经济学、认知心理学和演化生物学的理论进行分析，并通过这个例子，我们看到认知心理学在试图重建经济学理性人假说方面做出的努力。同时，由认知心理学发展而来的行为经济学却未能提供演化生物学的基础，我们在第三部分已经分析到了。

因此，卡尼曼的行为经济学所认为的人类的非理性选择，其实以基因的观点来看，是非常理性的。而动用理性系统（分析式系统）进行理性判断的时候，我们可能要损失更多的脑力和精力去应付，反而可能更不经济和理性。即便是长期来看，理性系统的决断可能更有益于人类载体的利益，但基因会通过控制情感所造成的心理（精神）伤害，损害理性计算带来的利益。

本文的结论就是：行为经济学的缺陷在于，不是以基因作为主体来看待问题，而是仍然通过传统的载体利益角度来分析，使得人们相信人类存在非理性和理性两个系统。

实际上，我们有的只是基因的理性和载体的理性罢了。

推荐阅读：丹尼尔·卡尼曼著《思考，快与慢》

为什么有的人悲观，有的人乐观？

一位13岁的小男孩发现，每次父母送他去好友家过夜的时候，家里一定会发生一些事情。有天小男孩再次被送到好友家时，决定一探究竟，偷偷溜回家里，发现父亲躺在担架上从家里被抬了出来，这时候他才知道父亲因为脑卒中瘫痪了。当他最后，终于被允许去医院探望父亲时，他看到了父亲眼里彻底的无助。

这样的经历让这位男孩走上了探究绝望与无助的研究道路。直到后来，他进入宾夕法尼亚大学攻读实验心理学的研究生。刚进实验室，他就看到了教授和学长们在对动物进行经典的巴甫洛夫条件反射实验，但狗在电击下却一动不动，这让大家十分为难。然而，这个实验背后的意义，却让这位有着亲身经历的研一新生感到震惊。

该故事出自塞利格曼的《活出最乐观的自己》，从此之后，塞利格曼开启了一项关于"无助"的研究，这就是1967

年塞利格曼和同事在实验中发现的"习得性无助"（learned helplessness）。从动物的研究到人的研究，塞利格曼的"习得性无助"及随后的积极心理学，改变了心理学被弗洛伊德的精神分析学说和斯金纳的行为主义理论统治的局面。

为何会出现无益于演化的"习得性无助"？

从"习得性无助"理论开始，塞利格曼发现人可以改变某种无助状态，将悲观转变为乐观，将"无助"转换成为"自助"，并将积极心理学普及给大众。之后，他在1998年高票当选为美国心理学会主席，这是对其贡献的肯定。

可以说，"习得性无助"是塞利格曼研究积极心理学的基础。然而，塞利格曼却并没有为这个"习得性无助"提供一个演化生物学基础。他没有继续询问，为何还是有很多人和动物采取悲观态度，陷入无助？悲观、无助到底有什么用？

根据演化生物学家的看法，乐观进取、积极向上，面对挫折勇于拼搏，才能在物竞天择的演化道路上生存，才能取得生存优势，将自身的基因复制下去，而悲观和无助的基因则明显缺乏适应性。

举个例子，在危机重重的丛林里，人类的祖先如果受到惊吓或是深陷危险中，无助感并不能让他脱困，反而是那些善于进取的人能获得更多食物，拥有更多生存机会。在人类群居部落里，天天猎不到食物、怨天尤人的人，肯定没有那些英勇强壮的人有地位，更能获得女性青睐，更能获得更多的食物与交配机会。而这类悲观的人，就在演化的道路上越来越少，乐观的人则越来越多。

演化博弈论

说起演化生物学，理查德·道金斯为其普及做出了很大的贡献。在《自私的基因》一书里，道金斯提出人是基因的载体，我们不过是基因借以自我复制的机器。人是会死的，但基因是不朽的。

在该书中，道金斯引用了英国演化生物学家约翰·梅纳德·史密斯提出的演化稳定策略（ESS）模型，解释了生物在演化中，物种个体与群体之间的生存策略。

史密斯被视为演化博弈论之父，道金斯认为："我们最终会承认ESS概念的发明，是达尔文进化理论最重要的发展之一。……从长远观点来看，我预期ESS概念将会使生态学发生彻底的变革。"

道金斯列举了鹰和鸽子的例子，鹰采取的是搏斗至死的策略，鸽子采取的是吓唬一下打不过就跑的策略，在鹰和鸽子的演化博弈中，鹰和鸽子的比例会达到演化上的稳定。生物界的实际情况，的确与演化博弈论的结果相去不远。道金斯在《自私的基因》一书中总结说：

> 习惯于赢的个体就越会赢，习惯于失败的个体
> 就越会失败，实际情况就是如此。即使开始时个体

的胜利或失败完全是偶然的，随着时间的推移，它们会自动归类形成等级。这种情况附带产生了一个效果：群体中激烈的搏斗逐渐减少。

悲观者的生存策略

至此，我们已经看到了用演化博弈论来分析塞利格曼"习得性无助"的可能性。悲观的人与乐观的人，只是在生存策略上采取了不同的方式。我们把两种人的策略排列成经典的博弈论矩阵：

ESS	悲观	乐观
悲观	互不伤害，各得其所	悲观退却，乐观胜利
乐观	悲观退却，乐观胜利	互斗，直到分出胜负

这个表的结果与道金斯分析的鹰派和鸽派一样，最终悲观者与乐观者会达到一个稳定的演化平衡。也就是说，在群体演化中，基因会让所有人视他人为竞争者，而在相互竞争的过程中，有人采用的是鹰的策略（乐观），有人采用的是鸽的策略（悲观）。

塞利格曼在实验室里也发现，无论实验多少次，无论是人还是动物，都会出现1/3的乐观者，即这些人不会变得无助。正是对这些不会变得无助的人（动物）的研究，才让塞利格曼从"习得性无助"的研究转向积极心理学。

这些实验结果为我们提供了一条很好的线索，也就是说1/3的人采用的是鹰的策略（乐观的、积极的），而2/3的人采用的则是鸽的策略（悲观的、无助的）。道金斯给出的鹰和鸽比例大约是5∶7，因此无论是鹰与鸽，或是人类的乐观与悲观，都能在演化博弈论中达到均衡和稳定。

由这样的解释可以看出，塞利格曼的"习得性无助"实验，其实是放在可控的实验室里进行的，通过外界的刺激如电击，来测试人和动物的反应。实际上，这些外在刺激，更可能是生物体（实际上是基因）在演化过程中，面对竞争者所采用的某种生存策略。因此，塞利格曼的实验可以改变实验条件，把电击改为一个外来的掠夺者或进攻者，而这样的情形在生物界更加普遍。

道金斯以一种墨西哥群居的蜘蛛为例进行了论证。这些蜘蛛在受到惊动并被赶出隐藏的地方时，就会跑到同一物种的其他蜘蛛的隐藏地点，而后者再去寻找其他蜘蛛的隐藏地点，经过一系列的迁徙，最后达到一种稳定。这些蜘蛛采用的就是不进攻的策略，它们即为悲观者。

如何打破演化的宿命

在心理学领域引进演化生物学，不是要以本质主义的方式，将心理现象当作一种被演化所决定的、无法改变的事实。实际上，是为了让我们看清这种演化生物学在多大程度上可以得到矫正，人类在多大可能上可以反抗基因的"独裁"，打破演化的宿命。斯坦诺维奇的《机器人叛乱：在达尔文时代找到意义》，就为我们打开了另一个视野。

塞利格曼用积极心理学转换了"习得性无助"，将悲观者转变为乐观者，说白了其理论就是"解释风格"的改变。用双系统（过程）理论来说，我们基因所决定的"习得性无助"是自动化系统，而分析性系统动用的是我们的工具理性。因此，面对自发的、习惯性的和自动化系统的悲观，我们可以动用工具理性，运用我们的能力，把自己从基因的"魔爪"中解救出来。

塞利格曼虽然没有认识到"基因控制着载体"，或是演化生物学可以为其理论提供基础，却用另一种方式实现了"载体"的反抗。这种效果是非常明显的，塞利格曼的多个案例已经证实，动用工具理性将悲观解释风格转换为乐观解释风格，从而有效地逃脱基因控制。

在《认识自己，接纳自己》《持续的幸福》等多本书中，塞利格曼对比了药物、积极治疗等方式所产生的不同结果。从演化生物学的角度更能进一步说明问题，抑郁症或其他悲观情绪产生的症状是系统1（自动化系统）导致的，是基于生理条件的，也就是说可以用药物治疗。药物治疗的作用方式，就是直接作用于基因控制身体的策略，终止或改变我们的"解释风格"。

然而，塞利格曼承认，这种通过药物的治疗方式，复发的可能性比较大。塞利格曼没有解释清楚，实际上用基因的观点来看，虽然我们在某个局部使用药物改变了基因的作用机制，但我们整个人体还是基因的载体，除非从根本上改变基因，否则药物产生的作用依然会被基因所吞噬。药物，这个外来的东西，基因会对其产生抗拒，也就是产生抗体，最终使得病情复发。

而斯坦诺维奇在《机器人叛乱：在达尔文时代找到意义》中说过，既然我们可以用分析性系统来覆盖自动化系统做出的反应，也就是说当我们用积极、乐观的解释风格覆盖原本由自动化系统控制的悲观解释风格时，还是能够达到治疗效果的。

结　论

在用演化生物学解释了塞利格曼的"习得性无助"之后，我们可以看到，"习得性无助"并非一种坏的习性，而是人类和生物在演化过程中所学会的一种策略。这种策略可以通过后天的学习进一步被改变，动用我们分析式系统的理性思维模式，转变解释风格，就可以从悲观者变成乐观者。

虽然塞利格曼没有将其理论建立在演化生物学的基础上，但他的积极心理学实际上为基因的演化心理学提供了很好的解释和充足的证据。

当越来越多的人从悲观者转为乐观者，很可能会达到另一种新的平衡和稳定。

推荐阅读：马丁·塞利格曼著《活出最乐观的自己》

如何管理好两个自我?

　　你是否在夜里难以入眠,然后躺在床上想着各种明天的计划?或者是在每个新年年初,又或是在自己生日那天,思考着自己的过去,并盘算着未来?你是否买了各种书籍、付费订阅了各种课程,又或者打算办一张健身卡,制订了一个详细的迈向成功的计划?……

　　然而,无论是夜晚的胡思乱想还是生日当天的人生规划,没隔几天你都会忘得一干二净,然后给自己贴上一个"拖延症"的标签,继续过着浑浑噩噩的日子。

　　但这不怪你,因为你还没有认清楚自己。你以为自己是个"三分钟热度""拖延症晚期"患者,其实这只是其中一个你。那个在夜里制订人生规划、思考过往和未来的,是另一个你。有两个你同时存在,但请别担心,你并没有精神分裂。

　　以下内容也请你别担心,这不是鸡汤,也不是在给你传播什么宗教知识,放心看完并勇敢尝试,或许会对困惑中的你有些许帮助。

辨别两个自己

按惯例，这时候我应该请出诺贝尔经济学奖获得者丹尼尔·卡尼曼了。但其实这于你并没有帮助，卡尼曼的系统1和系统2你分不清楚，对你的决策也没有帮助，他也没有告诉你一套实践指南，所以请继续往下读。

阅读本篇的是另一个你，那个喜欢制订周密计划、赋予行动意义的你。你或许觉得这篇文章很有帮助，或许觉得纯粹是扯淡，这都是那个被称为"叙事自我"的你在起作用。不用费力去记住这个名词，你只要知道，什么时候那个你会发挥作用。

你打算办理健身卡的时候，就是这个你在起作用。而工作一天，累了回家后只想躺在沙发上，打开手机叫个比萨或者快餐什么的，好好犒劳自己一下，这时候是另外一个你，"体验自我"在支配着你。

我们常常在动画片里看到，有两个小人盘旋在一个人的头上，互相争执着如何做决定。你可以把这两种自我想象成那两个小人。

近年来的好莱坞电影喜欢塑造有缺点的英雄形象，而且深得观众之心。观众也越来越喜欢那些和你我一样，有着人性缺点的英雄人物，在面临困难抉择的时候，内心挣扎，就像两个小人在撕扯。

自私是基因吗?

在危险时刻,你的第一反应可能是逃命,这个自我保护的你,并没有错。在几十万年前的草原上,如果看到狮子的第一反应不是逃跑,而是思前想后的话,你是活不下去的,你的基因早已消逝在狮子的牙缝里。

而躲到安全的地方之后,你却开始担心同伴的安危,觉得应该拉上同伴一起逃,你开始想象同伴被狮子咬断胳膊的情景,内心后悔万分,并下定决心下次一定要救同伴一命。

好莱坞电影里,平凡人物面临危险时的心情,与草原上遇到狮子的祖先一样。但在人进化的过程中,我们学会了编织各种意义之网,相信友情、爱情、荣誉、国家,而这些也积极地反馈给你并加强了你的信念:在危险来临之时,只顾自己逃跑而不顾同伴安危是十分可耻的。我们自己也接受了这个不能自私,否则就会被全社会唾弃的观念。

于是,我们看到,好莱坞电影里的主角在危急时刻,没有听从自己的直觉,没有相信"体验自我"的自私自利,最后在帮助同伴、拯救众生的过程中,实现了个人价值,获得了荣誉和观众们的眼泪。

然而,这些对于你有何用呢?

喜欢虚构的"叙事自我"

这只是为了让你明白两个自我的纠结,你要活得自在,就需要接受这两个自我，而不断认清这两个自我，才能让你不再困惑。

"叙事自我"就是那个容易相信意义，也愿意为你的人生赋予意义的你。否则，你"996"式的工作，意义在哪里？你每天忙忙碌碌，所为何事？这个叙事自我接受的是社会的价值观，例如为了家庭你需要承担责任，为了社会你需要创造价值，等等。

你不需要抹除"叙事自我"这种喜欢讲故事、赋予意义的行为，而是要接纳这个你。如果你对来自社会的价值观抱有怀疑，你想过社会上大多数人不认可的生活，那就要给自己编造另一个值得相信的价值观。

例如，你不想生孩子，但是家庭、社会不允许你这样，这时不要怀疑自己。认可了这样的自我之后，你可以试着说服爱人、父母和身边其他的人，你要让别人相信，没有孩子的生活也是有意义的，也可以很幸福。

时常对你的"叙事自我"，就是你所相信的价值观予以反省和筛选，哪些是你认可的，哪些是别人灌输给你的，反省最后保留下来自己最愿意相信的那部分就好了。

让"体验自我"显现出来

"体验自我"是你最为深层次的欲望，你爱好吃喝，喜欢旅游体验，或是对某种东西有癖好，这个自我可能会拉扯你走向最为堕落的你。"叙事自我"有社会价值观这层保护网，让你不至于走得太离谱。

而这个"体验自我"是活生生的欲望，如何制服这个你，才是你最需要关注的部分。"体验自我"是哑巴，不会说话，也不会用文字来表达。

所有经过"叙事自我"编译之后的故事都不是"体验自我"本身，而文字的作用，或者是"体验自我"通过"叙事自我"之口和之手所要表达的，实际上就是"指月"。正如佛教故事里讲的，我用手指月亮给你看，如果你看到的不是月亮而是我的手指的话，那是你理解错了。

那么如何管束好这个"体验自我"呢？有很多种方法。

1. 基督教徒式

对于信仰基督教的人来说，圣灵充满的体验是一种特别的方法，适合不满足于现状而祈祷忏悔的人。这种基督教徒式的方法，可以在不改变信仰的情况下，释放"体验自我"。

2. 佛教徒式

对于信仰佛教的人来说，吃斋念佛之余，他可以在打坐过程中，释放"体验自我"，让自己感受一花一草一木的性情，享受万物融合为一的感觉。

3. 修行者式

这个修行者是指宗教之外、追求灵性之旅的人，积极心理学推荐了一种内观冥想的疗法，这要比任何安慰剂管用，而且不会有副作用。如果你也不满足于现实生活和"叙事自我"编织的意义之网，想逃离出去，不妨试试冥想。当然还有其他更深一步的修行。

4.普通人式

普通人也是积极心理学关注的主要人群，它不像其他心理学那样只关注有精神疾病的人。

畅销全球的《人类简史》作者尤瓦尔·赫拉利，在他的新著《今日简史》一书中，谈到自己的修行体会时说：

> 经过观察各种感觉的10天，我对自己和整个人类的了解可能要超过我先前所学。而且做到这点，无须接受任何故事、理论或神话，只要观察真正的现实就行了。我学到的最重要的一件事是，各种痛苦最深层的来源，就在于自己的心智。如果有什么是我想得却不可得，心智的反应就是产生痛苦。痛苦并非外部世界的客观情形，而是自己心智产生的心理反应。了解这一点就是跨出了第一步，让人不再产生痛苦。

知名心理学家乔纳森·海特也把冥想当作人们改变"情感风格"的三大方法之一（另外两个是认知疗法和百忧解），在《象与骑象人》一书中，海特说：

> 冥想就是要改变自动化思考过程，驯服你心中的大象。一旦你解除心中的依恋，就表示你已驯服了你心中的大象。

　　你可能觉得信教无益，也觉得冥想内观等过于神经质，那么我再推荐一种极为简单的方法，也是源于冥想，但不用那么刻意。

　　每天在工作之余，在盯电脑屏幕和手机屏幕太久之后，或者是在地铁里无聊的时候，不妨花一两分钟时间，深呼吸一下，关注自己的呼吸吐纳，同时不用耳机遮住耳朵，而是用耳朵倾听四周的声音，不带任何好恶去评价，让所有声音穿过自己。

　　或者每天睡觉前，别再思前想后，而是把注意力放在全身，从头到脚一一感受每个毛孔的感觉，即便痒了也不去挠。学会观察自己的想法。

　　关于六祖惠能有个知名的故事，就是有两人在争辩帆动还是风动时，惠能说是心在动。观察自己心里的每个念头，你会发现每个念头都不会持续太久，你体内那个骚动不安的"体验自我"，也会慢慢被你控制住。

推荐阅读：乔纳森·海特著《象与骑象人》

第二章

清理大脑中的『蠕虫』

愚蠢的智人：不要让『常识』欺骗了你

别让垃圾信息填满大脑

在互联网诞生前，我仍处于用纸笔写信的"原始社会"。尤其是初中那几年，获取外界信息的主要渠道仍是单向传播的电视机和收音机。

那时候流行交笔友，但我没有那个渠道，所以只能羡慕那些有笔友的同学。让我印象深刻的是，当时流行一种被称为"连环信"（或者"诅咒文"，这个名字我也是后来才听说）的信件，收信人必须将该信的内容抄送给10位好友，否则要么家破人亡，要么疾病缠身……

我没有笔友，自然也没有人可以寄信。但这样的"连环信"却流行于各个年代，互联网兴起后依然风生水起，在各种论坛、QQ空间，甚至在后来出现的微博、微信上大肆盛行。

"连环信"有各种变体，比如"不转不是中国人""赶紧保存，秒删"，等等，这些被我们称为"标题党"或是"朋友圈文体"的文章依旧被转发无数。

相比这种毫无营养价值又煽情的"垃圾文"，更为理性、更有价值的文章和书籍，反而无人问津，不仅关注量不多，甚至很多人根本不屑一顾。

常规的传播理论认为，一项信息会被传播，多是因为它是正确的，或是对人有益的。但事实证明，反而是谣言和"垃圾文"更容易盛行，辟谣文章和"干货文"则鲜有人关注。

也有进化心理学家认为，"垃圾文"的盛行，是因为它找准了当前人类社会的知识困境，正好切中了一些人的痛楚（或迎合了一些人的心理需求）。在信息爆炸的时代，什么能吸引眼球，新媒体工作者就写什么文章。然而，这些迎合的文章实际上并不能解决什么问题，新媒体工作者就像是当你愤怒的时候，找一群同样激愤的人去解决问题一样，毫无益处。

还有一些理论家认为，这些"垃圾文"也会对阅读者产生益处，有利于增加其吸引异性的魅力。娱乐八卦广受关注，获悉了娱乐八卦的人，就像预言家，通过传播产生一种"荣耀感"或"权力"。

饭桌上，朋友间八卦完娱乐界，再八卦周边认识的人，他们无非也都是在扮演信息传播的预言家角色。从这方面看是对的，但通过其他有益的方式（传播真正有价值的信息）更能让传播者获得尊重。

以上的解释都只是在为"垃圾文"或不良信息勉强找一个借口，但并未分析这些信息本身的属性。如同"连环信"或是其他类似诅咒的话语（如"不转不是中国人"）一样，这些信息试图获得"永生"，或者说是获得不断复制的能力。

这是来自理查德·道金斯的文化模因（meme）说，从这个角度来看，这些"垃圾文"则是一个非常优秀的、善于复制和传播自己的病毒程序，通过感染宿主并俘获宿主，进一步传播自身。

在互联网时代，我从未转过一封类似的"连环信"或是"不转不是中国人"的文章，从"垃圾文"的角度来看，我就不是一个好的宿主，"垃圾文"传播到我这里就中断了，它必须善于发现和捕获宿主，否则将无以为继。

有些人表示不认同，认为只要"垃圾文"或是烂书中有一句有益的话，那它本身也是有益的。这样的观点，忽略了两个问题。

其一是锚定效应。就是最初留下的印象，无论是观点还是信息，都可能长久地徘徊和滞留在你的脑海里，久久不能清除。

其二是有益信息含量。相比从"垃圾文"和烂书中获得的有用信息，其实你获取的垃圾信息和有害信息更多。

前些天我读了一本名为《自下而上：万物进化简史》的书，书中对亚当·斯密观点的解读错得非常离谱，之前没有接触过亚当·斯密的读者很容易就被作者的观念带偏，之后想要改正很难。所以，读了几十页后我赶紧舍弃，远离之。

读过几年书的人，大概都知道鲁迅弃医从文的故事。但他本人的回忆是，那年在日本留学观看了一部幻灯片，从此，他决定不再去救治人的身体，而是去拯救灵魂。那时电影刚出现不久，但日本人已经知道如何利用新的媒介来做宣传了。

二战时期更是宣传电影的爆发期。无论是在轴心国还是在反法西斯同盟，希特勒御用导演莱尼·里芬斯塔尔可以说是其中的"楷模"，简直是宣传片的鼻祖级人物。"宣传"这个词在英语里是propaganda，特指政治宣传。美国人做起宣传来也毫不含糊。美国在二战时期拍摄了不少宣传片，以鼓励士兵在前线英勇作战。

战后，为了了解宣传片的成本效益，也就是说花了那么多钱到底有没有起到作用，美国有关部门对此开展调查研究。经过研究发现，电影并没有增加士兵为国而战的热情。以好莱坞的水准，应该不至于如此吧？但事实上士兵知道电影是为了宣传，就产生了抵触心理，于是造成了宣传效果的贬值。

到此为止，很多研究者可能就停止了，或者草率地直接得出宣传毫无效果的结论。但事实上，你想得太天真了。9个星期后，心理学家继续跟踪了看过电影的士兵，发现他们打起仗来比没看过电影的更有热情。这是怎么回事？

除了这种用于激励士兵作战的宣传片，平常我们也会看到弘扬正能量的影片。好莱坞制作的就很多了，我们国家制作的也不少。很多不热血的人对之并不感冒，他们以为，这种主旋律影片，大家都知道其宣传目的，因此看的人不会很多，即使是"被"看过，大概也不会信以为真吧。

但是，这样想就太天真了，看完电影去豆瓣打个差评，这就是你对电影的一种批判吗？在网上吐槽两句，这就能够抵消电影对你的影响吗？

一般来说，我们对于一个东西的记忆往往随着时间的推移越来越模糊，如碳14一样逐渐衰变。但为什么那些起初带着抵制情绪观看电影的士兵，时隔许久之后却产生了良好的效果呢？

当时负责给美军做调查的心理学家卡尔·霍夫兰也百思不得其解，最后他干脆将其研究结果称为"睡眠者效应"（sleeper effect）。也就是说，那些士兵会渐渐忘记信息的来源，而记住信息的内容。

我们经常在说话的时候顺口就来一句俗语或者成语，这些俗语或成语的来源我们大概都不知道，如"吃不到葡萄说葡萄酸""外强中干"等（前者出自《伊索寓言》，后者出自《左传》）。

在我们忘记了信息来源的时候，我们记住的信息内容往往成为了我们赖以评判世界和社会的基础。我们就是这样"被"潜移默化地影响和教育着的。就像是赫胥黎在《美丽新世界》里所说的，从受精开始，即使在睡眠中，我们也一直被教育、被灌输、被洗脑。

解释了烂文、烂书和宣传片容易俘获读者，源自信息本身的"病毒"特征后，我们再来看为什么好书和好文无人问津。

其实答案很简单，那就是读者惰于思考，如果不花力气就能看完一篇娱乐八卦或是符合自己口味的鸡汤励志文，谁还愿意去听长篇大论和醍醐灌顶的讨论呢？

斯坦诺维奇在《超越智商：为什么聪明人也会做蠢事》里将人类称为"认知吝啬鬼"，这说得过于文绉绉了，翻译成白话就是：长了脑子却不用，只等着别人往里面灌水！

对于一些有良知的作者而言，还是放下心来，好文章没人看，就让他们错失好了，毕竟自己的写作过程也是知识的巩固和学习过程。斯坦诺维奇在《超越智商：为什么聪明人也会做蠢事》一书中指出：

> 我们（美国）的人口中有22%的人相信世界上有大脚怪，25%的人相信占星术，16%的人相信有尼斯水怪，46%的人相信（靠祈祷等方式的）信仰疗法，49%的人相信恶魔会附身，37%的人相信鬼屋，32%的人相信幽灵，26%的人相信千里眼，14%的人咨询过算命先生，还有10%的人认为自己和魔鬼讲过话……

如果依此统计一下中国的"垃圾文"比例，大概可以预测：关于鬼怪的占了20%，关于养生的占了近乎50%，关于星座的大概有25%……

曾经跟几位国内的医生聊天，其中一位是某一领域的专家，然而聊天的时候，他却和身边的两名同事聊起了星座，这让我甚为惊讶。我觉得，这位专家也并非真的相信星座，毕竟是在医学里沉浸了多年的人，他大概只是为了找个共同的话题，让聊天继续下去。

推荐阅读：罗尔夫·多贝里著《明智行动的艺术：你最好让别人去犯的 52 种行为错误》

看电视是否可以寓教于乐？

从电视节目或是娱乐中学习掌握知识，是人们目前热爱的学习方式。寓教于乐是我们最喜欢使用的教育手段，但这种手段是否破坏了娱乐的乐趣，又把知识弄得不伦不类，却较少有人思考。

当然，电视台的目的是清楚的，教不在于教知识，而在于教化。正如教育从一开始就是为了满足教化之功用。

很多家长，带着孩子出国旅游，常常强调，此次旅行玩是其次，首要目的是希望孩子能够在此过程中，学到知识，他们把放松休闲，变成一个目的性很强的活动。但对孩子来说，出来玩就是玩，而不是学什么历史和文化知识，当父母过多地把希望寄托在寓教于乐上，往往玩也玩不好，学也学不好。

我们为何对寓教于乐如此热衷？因为我们接受的传统文化里，从来都认为玩物会丧志。热衷于艺术的君王，如宋徽宗、李后主等，只能亡国。我们要的是李世民这样的皇帝，自己玩玩艺术，国家还能治理得挺好。

于是，父母给孩子买玩具，最看重的是益智功能，给孩子买的书也把普及版的经典名著列入其中，看电视要看《国家宝藏》《最强大脑》这样的……

即便是在成人世界，只要有点教育意义的节目，就会成为人人追捧的对象。你看，这节目有明星来引起你看节目的兴趣，但也有馆长这种级别的专业人士来为你讲解和普及知识。有娱乐化的剧情，也有学术的内涵，娱乐学习两不误嘛！

但这些只不过是观众的自我安慰罢了。想要学习知识，必须系统化地学习，在阅读中不断思考，需要耗费脑力和专注力。靠躺在沙发上，等着别人投喂，是被动接收资讯，你以为学习了新的东西，但这些碎片式的知识很快就会被忘记。

所有认真对待知识的人，没几个人会认为能从电视节目里学习。当然，如果你是"谢耳朵"，那另当别论，但要是想通过《生活大爆炸》去学习物理，那你就找错了地方。

同样地，如果你认为通过观看精心制作、有水准、有教育意义的娱乐节目，能学到中国传统文化知识，恐怕也是自欺欺人。

科学是少部分醉心于科学的人，在实验室里反复进行着枯燥的试验，最后能取得成果的人少之又少，而不是节目里那种花里胡哨的"表演"。

当然，你可以说，这些节目以趣味性引起孩子或年轻人的注意，引发他们进一步学习和了解的兴趣，不也很好吗？

这只不过是另一种自欺欺人罢了，有自我学习能力的人，已经走在了读书的路上。靠娱乐来拯救文化，只会适得其反。你在驴眼前挂一根胡萝卜引诱它往前跑，下次把胡萝卜拿走，它还会跑吗？

靠娱乐节目引发的学习兴趣，不会长久，只有建立内在的驱动力，才能驱使你和孩子进一步学习，挂胡萝卜是没有用的。

因此，别自欺欺人了，看电视就是个消遣活动，如果你觉得愧疚，那就关掉电视读书，别再幻想能寓教于乐，醒醒吧！

出门游玩，了解一下当地的历史和文化当然没有错，但若把这当作孩子的学习之旅，恐怕就是本末倒置了。

关于器物与历史的研究，可以读读科普著作《大英博物馆世界简史》，博物馆或是别的机构应以此为鉴，而不是借用娱乐节目来科普。

推荐阅读：尼尔·麦格雷戈著《大英博物馆世界简史》

懒人和记性差的人该如何读书？

看过一些介绍如何阅读的书籍和文章，也尝试过做笔记或者读书摘要，但都半途而废，没有坚持下来。大概这样的阅读方式对勤快的人有用，但对我这种懒人和追求阅读流畅性的人则不太适合。

我不但没有惊人的记忆力，还十分健忘，书读多了容易糊涂和弄错一些人的观点，但这并不打紧。以下是我自己的一种阅读方法，总结出来，或许对别人也有些用处，特别是对懒人和记忆力差的人。

三部曲式阅读

所谓三部曲式阅读，是当你看完某个作者的书，觉得不错，就找来该作者写的其他书，在一段时间内集中阅读。

例如，我读了尤瓦尔·赫拉利的《人类简史》后觉得不错，就找来他的另一本《未来简史》一起读了。

我喜欢道金斯的《自私的基因》，后来也翻阅了他的《盲眼钟表匠：生命自然选择的秘密》《解析彩虹：科学、虚妄和对奇观的嗜好》。

这样做的好处是，作者特有的文风会在脑中留下深刻印象。比如道金斯带着20世纪70年代的热情，戴蒙德有着悲天悯人的情怀……这种印象对于以后查找、引用作者的文字十分有帮助。

还有一个好处就是，同个作者的著作往往具有一定的互补性，可以通过这个系列理解作者思想的全貌。

对于记性不好的人来说，可能在读作者第一本著作的时候，对其理论和观点会懵懂和不理解，但在下一部著作中可以得到补充。

作者举的案例，也会在不同的书中多次使用。在第一本书上见到后，可能会在第二本中再看到。重复出现，就加深了印象。

因此，做笔记就成了多余，经过多次阅读你在脑中会形成自己的理解，在写作时也能够信手拈来。

同行著作阅读

我的阅读兴趣较为广泛，但在一个时期，一般都集中在一个领域里。

例如，读了卡尼曼的《思考，快与慢》后，我对行为经济学有了一些了解，但卡尼曼的书也就一本翻译成了中文，所以同行的著作就成了补充阅读。

之后看了理查德·泰勒的《助推：我们如何做出最佳选择》，然后借用第一种方法顺便读了泰勒的另一本著作《"错误"的行为：行为经济学的形成》。这样我就对行为经济学的历史发展和最新研究状况有了一定了解。

此后，再补充阅读了丹·艾瑞里的"怪诞行为学"系列（再吐槽一下，这个系列的书名翻译得挺差劲）等。这时，行为经济学的内容也差不多能够掌握个皮毛了。

对于经典的实验内容和重要的理论，同行著作里都会反复提及，所以不用记笔记和做读书摘要，也能复述出其内容，比如行为经济学中的"琳达问题"。

跨领域阅读

如果仅仅停留在一个领域里，比如行为经济学，你可能知道一些认知谬误，并用其分析身边的事物。但是，这样你只能算是该领域里刚入门的大一新生。

要深入研究，或者你对行为经济学有些理论无法苟同，那么就要跨领域阅读。例如，卡尼曼在《思考，快与慢》中提出的基于认知心理学的双系统（或双过程）理论。

顺着卡尼曼，可以进一步了解双系统理论的提出者斯坦诺维奇，通过其著作《机器人叛乱：在达尔文时代找到意义》和《超越智商：为什么聪明人也会做蠢事》，你会发现原来学习行为经济学还需要有演化生物学基础，这就可以回到道金斯等人的著作上。

但斯坦诺维奇太注重理性，刚好吉仁泽可以互补……

如此重复上面三个阅读方法，你对这个领域的认识就会越来越专业，这时候算是跨出了本科，进入了硕士研究生阶段。

最后进入博士阶段，你需要挑出这几个相关领域里共同话题的一个部分，如行为经济学的"锚点效应"，在认知科学和演化生物学的框架下如何解读，既然人类存在如此多的认知谬误，那么这种谬误为何没有在演化过程中被淘汰？它对人类认知有什么作用？……

以上三种阅读方式能够相互加深理解，也可能相互冲突，然后就是你的脑细胞该活跃的时候了，也是你可能在理论方面提出创新的时候了。

我一周阅读2～3本书，并不算多，平均每天也就是2.5小时的阅读时间。写作有助于理清思路，将相互冲突的观念予以调和。有时候则是灵机一动，用记住的理论来检视一下现实生活。不论是哪种，都有助于加深理解。

当然也会遇到这样的问题：想要引用原文却不知道在哪本书里，想使用某个案例却找不到出处。其实这倒是好解决，比如我记不住"琳达问题"是由谁提出的，我可以搜索这个关键词，然后在知道了具体书名之后，寻找相应段落即可。

认知心理学家认为，我们之所以能够具备思维能力，是因为我们不像计算机一样刻录下某个章节和句子，而是在理解的基础上，进行创造性的复述。

以上的话来自于史蒂芬·平克的《心智探奇：人类心智的起源与进化》，现在，我用自己的语言写下了这些话，不正好证明了该理论吗？因此，多读书，但别读死书，试图去记录作者说的每句话是不现实的也没有意义的。

如何自学一门新学科？

我本科读的是经济学，硕士改为哲学，而到了博士阶段，则选择攻读历史，最近又转向了演化生物学领域。我之所以能够跨越多个专业领域，可以说与上述的读书方法是分不开的。

有人说，文科之间的转变或许比较简单，但从文转理就有些困难了吧？或许如此，或许不过是你自己设置的一道无形的屏障而已。我的生物学基础在高中会考过后就还给了老师，但无论如何，我们的认知能力还是为我们创造了学习的天赋。

以下是我在一年半内，通过阅读近一百本相关书籍，学习演化生物学的过程，可以对应我们的大学到博士生阶段，虽然此外还需要更多生物学知识作为补充。

我读的第一本演化生物学的著作，是贾雷德·戴蒙德的《枪炮、病菌与钢铁：人类社会的命运》，严格来说是戴蒙德的另一本书《性趣探密：人类性的进化》，这时候还叫不出来戴蒙德所研究的这门学科的名字。正如高考填写志愿的时候，对于所选专业简直就是懵懂无知。

在了解演化生物学前，我最感兴趣的是行为经济学，阅读的是艾瑞里、卡尼曼和理查德·泰勒的书，还有就是塔勒布这个无法归类的人物，并且我在积极心理学的门口徘徊了很久。

接下来是道金斯让我对演化生物学的兴趣一下子浓厚起来，从《自私的基因》到《盲眼钟表匠：生命自然选择的秘密》和《解析彩虹：科学、虚妄和对奇观的嗜好》，道金斯让我彻底放弃了文化研究的后现代主义态度，并彻底喜欢上了这个学科。

有了道金斯这个兼具文采与智慧的老师带领，加上自己结合演化生物学与其他学科的领悟，学习起来就更加有动力。这就相当于大学刚报到完，师兄师姐们就纷纷给你讲这个专业的趣闻逸事。

刚入门的大一新生，非常喜欢将学到的皮毛，应用推理到已知的知识中去，例如积极心理学之父塞利格曼发现的"习得性无助"为何会产生？在演化过程中为何没有被淘汰？后来阅读了海特的《象与骑象人》我才算有了些许答案，虽然不满意，但总归证明自己的思考方向是对的。

行为经济学将心理学实验引入了经济学，那为何不能把演化引入心理学，从而为行为经济学奠定一个演化生物学的基础呢？卡尼曼等人所研究的人类认知谬误或偏见，真的只是因为人类愚蠢吗？

带着这样的思考，我试图从连接道金斯与卡尼曼的认知心理学家斯坦诺维奇那里找答案，但并没有找到令人满意的答案。然后我又发现了吉仁泽、温特等人，虽然解惑不少，但却没有消除一直以来的困惑，那就是道德何以在进化中产生？我已经笃定，不能再回到哲学去寻找答案，于是继续沿着演化生物学的方向进行探索。

赖特的《道德动物》、戴维·威尔逊的《利他之心：善意的演化和力量》还有海特的《正义之心：为什么人们总是坚持"我对你错"》都给予了解答，让我有信心坚持为自己所了解的一些学科，如社会学、人类学、心理学，乃至经济学和哲学等寻找演化生物学的基础，爱德华·威尔逊的《知识大融通：21世纪的科学与人文》和史蒂芬·平克的《白板：科学常识所揭示的人性奥秘》也给予了我信心。至此，我算是完成了"大一""大二"基础知识的学习。

在阅读这些之余，我就拿刘易斯·托马斯的系列小品文来看，从《水母与蜗牛：一个生物学观察者的手记》到《最年轻的科学：一个医学观察者的手记》，读起来都饶有趣味。

到了"大三"阶段，在了解了演化生物学的基础理论之后，我就去寻找演化生物学与其他学科交叉的学科，平克的《心智探奇：人类心智的起源与进化》融合了认知科学、神经科学、心理学与演化生物学，平克自己也是演化心理学家。在此之后，我又阅读了巴斯的《进化心理学：心理的新科学》，算是对这门交叉学科有了大致的了解。

当然，学习演化生物学需要具备一定的遗传学基础，普洛明的《行为遗传学》是一本内容简单且容易学习的教材。

演化生物学与医学的交叉学科，叫作演化医学或达尔文医学，我也只读过两本，一本是《人体的故事：进化、健康与疾病》，另一本是《我们为什么会生病》，两本书都从演化的角度来讨论医学，能让我们获悉医生可能忽视了的角度。最近读的一本书是马丁·布莱泽的《消失的微生物：滥用抗生素引发的健康危机》，虽然该书主旨并非讨论演化，但实际上也属于演化微生物学。

戴蒙德虽是演化生物学家，出的几本书却都是关于历史的，而且都发人深思。像是《枪炮、病菌与钢铁：人类社会的命运》《第三种黑猩猩：人类的身世与未来》，都启发了无数历史研究者。演化生物学与历史的交叉领域还有很多值得探索的地方，《大历史：虚无与万物之间》将演化纳入生命历史的部分，哈考特的《我们人类的进化：从走出非洲到主宰地球》对考古、遗传等内容做了深入浅出的解答。

将演化生物学应用到研究人类群体的社会学和人类学中的相关内容，已经在上述的很多书中提及，只是我之前读社会学和人类学著作的时候，研究者开口闭口都说涂尔干，却不提达尔文。此领域相关的著作有威尔逊的《社会生物学》，但尚没有看到中文的全译本，实在有些可惜。

结束了"大三"有巨大压力的课程之后，进入"大四"就可以对特别有兴趣的几个方面进行钻研了，像是罗伯特·特里弗斯的《愚昧者的愚昧：自欺与欺骗背后的逻辑》专门讨论自欺与欺人，马特·里德利《红色皇后：性与人格的演化》专门讨论性与人性的演化，史蒂芬·平克的《思想本质：语言是洞察人类天性之窗》讨论语言与思想，等等。

结束了"四年"的学习，基本上可以写一篇具有稍许深度的论文了，比如可以讨论中国传统社会里的儒家为何如此强调伦理，用特里弗斯等人的理论可以分析一下伦理制度的演化基础。

以上是我根据自己的阅读经历，对照大学四年学制所类比的学习阶段进行的阅读和图书推荐。可能演化生物学本科阶段的课程比这更多，但却不会比这些阅读更有深度。我只用了不到一年的时间，省去了大多数无用的文化课和公共课，顺利地提前"毕业"。

而进入"硕士研究生"阶段后，需要熟读的就是达尔文的《物种起源》和《人类的由来》等原著，还有像是必须熟知的费希尔、汉密尔顿、特里弗斯这些名人的有影响力的论文，以及了解这个学科最近的进展。而要写一篇演化生物学的论文，需要学习的还有很多，而我才刚刚从演化生物学的"本科"毕业而已。

将心理学引入考古学的大局观

　　一个理论的解释力度，取决于其简单程度。这个原则被14世纪英格兰的逻辑学家、圣方济各会修士奥卡姆所定义，被称为"奥卡姆剃刀"。

　　从宇宙无限大的视角来看，任何一个点都是其中心，而哥白尼的"日心说"之所以取代了托勒密体系，就是因为"日心说"无须复杂的补充说明，与其在各大星体围绕地球转的计算中，添加过多的辅助条件，不如将太阳设为中心来计算，这样就简明得多。

　　奥卡姆剃刀就是遵循这个原则：越简单的理论，其解释力度就越大。如果在人类（*Homo sapiens*）的演化中，找到能够解释为何人类取代了其他人族成员，如尼安德特人、直立人等，成为主宰地球的物种，那这把"奥卡姆剃刀"，或许就是数学家罗宾·邓巴等人提出来的"社会脑假说"。

　　以往各类学术著作对于人类史的介绍，往往将重点集中在农业文明产生以后，而对于史前史或者说人类产生后那几百万年间的历史则一笔带过。仿佛从旧石器时代到新石器时代并未有太大变化，采集狩猎时代的祖先不过是茹毛饮血的蛮人，文明的火花还没有点燃，没有多少研究价值。

近几年来，由生物学带来的变革性观点逐渐被引入人类考古学，让人类史前史的研究有了更为科学的手段。尤其是通过基因来追踪人类走出非洲的迁徙过程，让我们的考古变成了分子人类学。

这是一次由生物学带来的考古革命。

然而，从一堆骨头和骨头里提取来的DNA并不能告诉我们，在演化的几百万年里，人类的认知是如何出现了革命。考古学依旧遵循着"所见即所得"（What You See Is What You Get，与计算机科学所说的WYSIWYG是一个意思）的原则，提醒研究者们不能给予考古证据过多的解读。

要想在分子人类学和考古学所研究的庞大材料中，提取一条人类认知演化的主线，或是构建出一套人类心智成长的模型，并非不可能。考古学需要像上次欢迎生物学的引入一样，再次给予心理学热烈的迎接掌声。

20世纪70年代以来，认知心理学的发展与脑神经科学和演化论一起，成为备受关注的实验科学方法。而这次，我们只需要将最新的心理学观念引入，就能让史前史的研究焕发新生。尤其是"心智理论"（Theory of Mind）在构建人类认知成长模型的过程中，发挥了莫大的作用。

马修·利伯曼在其著名的《社交天性：人类社交的三大驱动力》一书中指出，人类大脑天生适合社交：

> 我们的大脑天生就与他人相互连接。人类的社会心理一部分可以追溯到亿万年前最早的哺乳类动物时期，而余下的社会心理则是在最近才进化出来，而且很可能是人类独有的。

利伯曼提出了神经科学方面的证据，并构想出来了人类个体成长与人类演化之间的关联。胎儿的孕育及成长过程仿佛就是微缩的人类演化过程。

邓巴则进一步指出，大脑新皮层与群体规模之间有着恒定的关系，即"邓巴数"。既然新皮层的增加与群体规模之间具有如此强烈的连接，那么人类大脑的演化则就与社会关系密不可分。

进一步，邓巴引入哲学家丹尼尔·丹尼特所提出的"意向性立场"（intentional stance），并根据"心智理论"，将认知划分为六个层级，分别对应不同的发展阶段。

在《大局观从何而来》一书的引言中，邓巴等作者如是说道：

> 学术界才刚刚着手处理心理学和考古学的整合问题。在过去的几十年间，人们见证了认知考古学的产生。这一学科是在英国考古学家科林·伦弗鲁和美国考古学家托马斯·温的推动下建立起来的，其主要研究方向是了解工具制造和艺术创作的认知需求。

在该书中，研究者进一步把六阶意向性扩展到了人类与其他人族的演化中。

来自动物行为学的大量研究，已经证实了灵长类动物和少数其他哺乳动物如大象和海豚具备第一阶段的意向性，即自我意识。也就是说它们能在镜子中认出自己，其他动物则无法辨识。

从第一阶到第二阶段，是认识水平的一次提升，只有人族的成员和类人猿能够理解别人的看法。正如著名的灵长类动物研究者德瓦尔在《黑猩猩的政治》一书中所指出的，黑猩猩善于玩弄心机，使用"权术"。我们人类的儿童也正是在这个时期开始学会了撒谎。

因此，很多人把这种"心智理论"等同于16世纪意大利政治哲学家马基雅维利的权术论，虽然不好听，但确是实情。"有人的地方就有江湖"应该改为"有心智的地方就有权术"。

从第二阶意向性迈向更高一层后，就不能停留在理解别人的层面，而要在知道别人与自己的看法有可能不同后，调节自己与别人之间的差异。能做到这一点的，只有脑容量提升到900毫升之后的人族成员。

以考古学"所见即所得"的思路，海德堡人及尼安德特人留下来的考古记录，比起人类出现后留下的大量艺术品，显得不值一提。这就给人留下了它们不过是野蛮人的偏见，没什么艺术细胞，更与人类存在认知上的巨大差异。

但邓巴等人提醒我们，事实并非如此。当我们知道别人与我们相信的东西不同的时候，我们需要借助一个超越了我们自身，能够调和我们不同人的经验与认识的共同认知作为基础，这是宗教信仰出现的阶段。

从这些考古记录中，我们有理由相信，海德堡人和尼安德特人具备一定的信仰，类似萨满教和祖先崇拜。能够形成这样的信仰，说明它们在认知上也达到了第四阶段的意向性等级。

尼安德特人和人类相处了好几万年，最终人类成为那个占领地球的赢家，说明两者在认知上存在明显差异。邓巴等人指出，人类跨越第四阶到第五阶实现认知飞跃，得益于语言的发明。

有了语言，我们就可以虚构，可以使用复杂的语法来讲述故事，构建神话。可以通过复杂的意识形态之网，将团体凝聚在一起，促进了脑容量、新皮层的增长，人类百余人的团体就能变得更加大，进而变成部落和王国。

邓巴等人把人类认知的提升归结为"社会驱动"，而不是火的使用或是语言的发明，从而将心理学整合到了考古学、历史学和生物学的研究中来，"社会脑假说"的一大利处是，它能解释许多生物学和考古学无法阐明的问题。

因此"社会脑假说"如同一把奥卡姆剃刀，剃掉了冗余的猜想和证据，让人看到了历史学结合心理学后所生成的大局观。

推荐阅读：罗宾·邓巴著《大局观从何而来》

认识失调有错吗？

在一家格调高雅的餐厅里，你正吃着饭，杯子突然从桌子上掉落摔碎，所有人齐刷刷地扭过头来看你。如果是别人不小心碰掉的，你可能会在心里嘀咕，"这个人笨手笨脚的！"而如果是你自己不小心打碎的，你可能会下意识地说："刚才服务员过来的时候，我没注意到。"

这种行为在心理学上有个术语，叫"归因谬误"（或者叫基本归因谬误，fundamental attribution error），简单来说，就是在评价别人行为时，我们常常归因于他们的人格，而评价自己的行为时，我们常常归因于环境。

正如上述例子中，你认为这个人笨或是鲁莽，就是对其人格的一种评价，但事情发生在自己身上，通常会说是别人或是别的外部因素引起的，下意识地避开是自己笨手笨脚的想法。

一般人都会把自己的成功归结为努力的结果，很少有说是偶然的机会、碰运气使然。而评价别人失败的时候，我们会说是他们本性导致的，也许是懒惰、不努力，也许是性格不好，没有天赋。

这样的归因对于我们自己来说是一种好事，大部分人都会比较好地评价自己，认为自己是一个善良、正义、人缘好的人。那么一个善良的人，做出一些愚蠢、不道德的事情时，会怎么样呢？

让我们请出知名的心理学家利昂·费斯汀格。如果只列举20世纪四个最著名的心理学家，费斯汀格肯定能够入列。他的"认知失调理论"能够很好地预测上述情况下人的行为。他曾举例，一个人冒犯了你，这个人可能并无恶意，或是只是无意为之，但你这个时候或许仍会当众发火。

然而，在公众场合发火是社会交往中的失态表现。可你自认为是一个懂礼貌、有教养的人，你没有忍住怒火，冲对方大吼，那一定是对方有问题！即使对方向你道歉，也并不会减少你的怒火，反而更加坚定了你指责的勇气，认为一定是对方错了，不然为何道歉？

这就是认知失调理论的一个例子。在两种相互矛盾的想法中（一个是你是有教养的人，另一个是你在公众场合发怒），为了调和这种失调，你就会为此寻找理由和借口，缓和认知失调所产生的紧张状态。

什么样的人容易产生认知失调呢？无疑，是那些自尊心较强的人，通常把自己的错误归结为环境，把自己的成功归结为个性；把别人的错误归结为性格，把别人的成功归结为运气。

自尊心较弱的人相对比较悲观，即使自己获得成功，也会认为是运气使然，别人成功则会认为是别人的能力所致。

　　自尊心较强的人容易滑向自大（过度自信）的一端，而自尊心较弱的人更容易滑向悲观的一面，但他们可以更多地认清自己，不会高估自己的能力。有研究显示，自尊心较弱的人在评价自己的时候，与旁观者的评价几近一致。而自尊心较强的人更容易夸大自己的能力，与旁观者的评价相去甚远。

　　同样，自尊心较弱的人认知失调的情况相对较少，不太会为自己的行为找借口，而自尊心较强的人则经常会出现基本归因谬误的情形。

　　认知失调理论很有用，如费斯汀格的门生、著名社会心理学家、《社会性动物》的作者阿伦森，就写了一本书专门分析我们日常生活中常见的认知失调，书名叫作《错不在我》。

　　然而从另一个方面来看，认知失调或许并没什么不好。从积极心理学的角度来看，归因谬误也没有太大的问题，有时还是一件好事。

　　积极心理学的倡导者塞利格曼认为，对于把错误归结为自己的低自尊者，以及归结为环境的高自尊者，只是两种"解释风格"的差异。

　　自尊心较低的人容易陷入悲观失望情绪，甚至更进一步，产生焦虑、抑郁等症状，严重的甚至生活都成问题。塞利格曼的积极心理学提出的解决方案就是：转变解释风格，就是让这些人学高自尊者那样，把错误归结为环境，把成功归结为自身。

积极心理学成就斐然，在美国学校教育、军队等领域得到更好的应用。

因此看来，低自尊者若是能够学会高自尊者的"认知失调"，反而是一种好事。假如你是一个非常悲观的人，遇到一点挫折，就容易把这归因于自己的性格，从而一步一步地陷入"自我实现的预言"之中。

如果使用"认知失调"方法，或是调整你的解释风格，把运气带来的成就归结于自己的能力，把挫折归结于偶然的环境变化，那么你的生活会幸福很多。

但有一点，自尊心较强的人认知失调容易陷入过度自信，这时候对于你的决策和处事都会带来不好的影响。我们需要警惕的：要适当地运用认知失调来调整自己的解释风格，但不能从一个极端走向另一个极端。

推荐阅读：利昂·费斯汀格著《认知失调理论》

认知偏差并非你的缺陷，反是优势呢！

自卡尼曼和特沃斯基在1973年提出认知偏差之后，人类有更多的缺陷被发现。目前已经有170多个认知偏见被确认，并且还有增加的势头。

但是，且慢！这么多认知偏差，我们到底是怎么活下来的，怎么没有被自己的愚蠢害死，反而一个个活蹦乱跳呢？

认知心理学和行为经济学关于理性偏见的介绍正是这样，很多人也人云亦云地告诉你，该如何纠正自己的认知偏差。这么多的偏差，如何一项项改正？

总不能把自己打回娘胎里返工吧？于是，认知心理学、理性所解决不了的问题，就抛给了演化心理学。

演化心理学家对此表示，这些偏差，并非你的不是，也并非设计的缺陷，反而正好是设计的优点和特色呢！

推理是用来识别骗子的，而不是看《福尔摩斯》

就拿一个最常见的例子来说，我们在逻辑上往往是个连三段论推理都掌握不了的智人。最著名的例子来自彼得·沃森提出的选择题，称为"沃森选择测试"，也叫AK47测试。

规则是这样的，牌的正面若是元音字母呢，背后肯定是偶数。若给你看如下四张牌，若最多只能翻转两张，来检测元音对应偶数的规则是否成立。你会翻哪两张呢？

A	K	4	7

沃森选择测试

别害怕，你的选择跟大部分人一样。首先你可能会选正面是A的那张牌，这是对的；然后你会选择正面是4的那张牌，这个就错了。实际上要翻看7那张牌，如果后面是元音，就可以验证规则有错了。具体推理步骤这里不讲，大家可以自己慢慢想想。

我们不妨换另一个场景，或许就有了思路。假若，你在酒吧里当酒保，当地只允许21岁以上的人喝酒。这时吧台边有四个人，你要么去询问他们的年龄，要么检查他们喝的是否是酒，但不能同时问一个人年龄并检查他的饮料。你要如何鉴别，到底谁违反了禁令呢？

观察后你发现，1号客人喝的是一杯水；2号客人满脸络腮胡，看样子超过了21岁；3号客人在喝啤酒；4号客人是个小青年，看起来十分稚嫩。

那这个问题似乎很简单，前两个客人你根本不用询问，后面两个呢，3号喝着啤酒但看不出年龄，4号看起来年龄不满21岁，但是不知道在喝什么。参与这个测试的，几乎没人答错。

这个测试和上面沃森的卡牌测试其实是一个道理，K对应1号客人，4对应2号客人，A则是喝着酒看不出年龄的3号客人，7就是年轻的4号客人。

奇怪吧，同样的道理，放到不同情景下，你就有不同的回答。

有人说，解决这两种不同情景下的推理任务，涉及不同的脑区活动，沃森测试涉及的是逻辑推理区域的活动，而第二个问题涉及的是社交区域的活动。而逻辑区域是后来才产生的，或者说是社交活动脑区进化出来副产品。

因此，要是看到推理小说里，你无法理解最后的剧情。很可能是因为：

第一，作者根本没告诉你全部信息；

第二，犯罪小说用的是推理逻辑，而不是社交逻辑。

为何你学不会概率

我们大多数人对于统计和概率也是极其没有感觉的，比如我就在大学里挂了科。

你或许知道贝叶斯定律，不过不知道也没有关系，这个定律是概率问题上最为重要的发现之一。但它和《生活大爆炸》

中"谢耳朵"一样，对解决生活问题没什么用处。

认知科学家常常拿医生来举例说明贝叶斯定律。比如这样的难题：在经过艾滋病检测的确认感染者中，有1%是假阳性，也就是检查后看似感染，实际上并没有。而检测结果为阴性的人也别高兴得太早，因为也有1%的假阴性，就是感染了却没查出来。

为什么不能100%检查出来呢？因为检查阴性、阳性的试剂存在1%的误诊率。那么，如果你被检测出是阳性，你感染上艾滋病的概率到底有多大？

算不出来没关系，你只要猜很大还是很小就行了。不懂概率的人恐怕觉得天都要塌了，以为自己死定了，但医生安慰说，你初次检测为阳性的，但患病概率很小，代入贝叶斯定律计算后，只有十分之一的可能性（9%），但你也别高兴太早，万一你就是在那9%里呢？

这样的例子经常出现在贝叶斯定律的介绍，和描述认知科学中的基本比例谬误中，实际上呢？

很多人忽略了一点，他们只从概率学角度来考虑，而忽视了医生是如何看病的。社会心理学家格尔德·吉仁泽通过观察总结出了一套医生的看病规律，并制作了一张"简明树形图"。以医生用来判定哪些心脏病人需要进入监护病房的决策方法为例。首先，判断这个人的ST片是否发生变化；没有变化的话，看其是否胸口疼痛，然后，再判断是否存在其他因素……

这个判断方式要比贝叶斯定律有用得多，在等待医生结论的时候，并不会被告知："我觉得你患病的概率是9%，但也说不定你不幸就是那9%，先住院观察一下吧。"

顺便说一下，确诊概率是10%与90%都没事，也是一种认知偏见。但它们至少让我们喘了口气，认知偏见也并非一无是处。很多时候，心理安慰的作用对人的影响是巨大的。

抽根烟，吐出一口烟圈，虽然我知道吸烟有害健康，也知道自己拥有认知偏见，好吧，就这样让我继续愚蠢下去吧。

推荐阅读：*The Adapted Mind* by. Jerome H. Barkow

愚蠢的智人：不要让『常识』欺骗了你

第三章

可以逆向思维的生活圈

父母对孩子的个性有多大影响？

小时候听过一个故事，说的是一个罪犯在被处决前，最后的要求是想再和母亲说一句话。当母亲把一只耳朵凑过去的时候，他就将母亲的那只耳朵咬掉了，然后痛诉：正是母亲没给自己好的教育，最终才让他走上了犯罪的道路。

而关于母亲重视子女教育的案例是"孟母三迁"。这则传统故事讲述的是，由于孟子常常被邻居的不良行为所影响，孟母才不得不三次搬家，最后将其培养成人。

父母的家庭教育对孩子有多大影响，历来都是个争论不休的话题。不同的观点得出来的教育方法有着很大的不同，强调家庭环境有重大影响的，通常会把孩子的一切问题都归结在母亲身上，母亲成了"坏孩子"的替罪羊。

传统教育观里也有责怪父亲的，例如"养不教，父之过"，或者认为父亲教育的缺失会对孩子造成重大影响。对于学校来说，其更加强调家庭教育，认为孩子的健康成长来自家长和学校共同的努力。

传统观念和朴素心理学一直强调家庭教育对孩子的影响，近年来一些心理学家和生物学家提出了不同的看法。

可信的研究需要有对照组，没有对比就很难得出令人信服的结论。先天的遗传和后天的环境，到底哪个重要？如何区分孩子的特性是遗传的影响，还是环境的影响？

但这些难不倒研究者，他们先从同卵双胞胎开始。同卵双胞胎是基因百分之百相似的人，假设家庭环境有影响，按道理说同卵双胞胎被两个家庭分别收养，如果呈现出不同的特性，那么就可以证明家庭环境的影响胜过基因遗传的影响。

一项针对一出生就被分别领养的同卵双胞胎的研究显示，他们的各方面性情依旧惊人的相似，史蒂芬·平克在《心智探奇：人类心智的起源与进化》一书中如此说道：

（他们的相似性）不仅体现在对智商或如神经质和内倾性等人格特质的测量方面，他们的相似性还表现在：拼写或数学方面的天赋；对种族隔离、死刑、全职妈妈等问题的看法；职业选择、爱好、恶习、宗教信仰、约会对象偏好等。

在同一个家庭长大和一出生就被分开收养的同卵双胞胎各方面性情都具有惊人的相似性。从这一点来看，强调基因遗传影响的一方似乎胜利了。但还是需要对比研究，才能揭示正确答案。

有血缘关系的兄弟姐妹，要比收养的兄弟姐妹之间的相似度更高，异卵双胞胎的相似度小于同卵双胞胎。有十多项研究对比了上千个分养和共养的双胞胎（包括同卵和异卵双胞胎）、收养和亲生的孩子，最终得出的结论是，基因的作用是毋庸置疑的，也就是说一个人与其他人的差异，有50%是由于基因遗传。

既然只有一半来自遗传，"后天教育派"也许要庆祝一下了：剩余的50%不就与家庭环境相关了吗？

但是，同一个家庭收养的两个没有血缘关系的孩子，如果家庭教育相似，那么按道理说，他们应该至少表现出一些相同之处。但令人失望的是，两个被收养的没有血缘关系的孩子之间的差异，与随机在大街上抓到的两个孩子之间的差异一样大。

史蒂芬·平克引用了心理学家朱迪斯·哈里斯的说法：

这些研究仅仅是暗示，如果你把孩子们置于同样的家庭和社会背景中，而只是调换父母的话，孩子们仍会成长为相同的成人。

研究者指出，家庭教育最多影响孩子5%的个性。换句话说，父母的遗传才是最主要的，所以史蒂芬·平克干脆就说："父母对孩子最大的影响是在受孕的那一刻。"

其余45%的影响到底从哪里来，尚有争论。哈里斯给出了一个我们比较能够接受的答案，那就是孩子的成长过程中，更多的是受到了同伴的影响，也就是说，孩子更多地被他们的同伴而不是父母所影响。

不妨回想一下自己的童年，父母在你的童年回忆中占有的比重是小还是大？从与同龄孩子的游戏中，我们学会了制定规则，注重公平；在受到大孩子的欺负时，我们学会了伸张正义；在早熟的同伴带领下，我们渐渐学会了性知识……

像"孟母三迁"中的孟母一样，很多父母对于孩子的"坏同伴"头疼不已，认为自己的乖宝宝是被一些坏孩子带坏的，特别是正处于青春期的孩子，受同伴的影响更大。我有个初中同学，他父亲安排他和我一个班，希望学习成绩良好的我能够影响到他，但最终他还是与一些"坏孩子"一样，学会了打架、早恋。

其实父母不是不能从孩子方面考虑，每个人都是从孩子长大成人的，但父母还是希望能控制和保护孩子，而孩子往往不这么想。这里再次引用平克的说法：

> 就繁殖而言，家庭是一条死胡同。孩子得学会竞争获得配偶，并保住配偶而必需的地位身份，这些竞争的战场不在家庭中，也需要不同的规则。孩子们最好掌握这些规则。

有时候生物学家和心理学家的研究不免让人觉得有些垂头丧气，如果基因占了一半，同伴的影响占了45%，而家庭环境只占了5%，留给父母能做的事情似乎没有多少。

哈里斯讲了一个关于双生子的真实例子：有一对幼儿时期就被不同家庭收养的同卵双胞胎，收养的两个家庭差异很大，其中一个家庭的养母是钢琴教师，在家里给别的孩子教钢琴，而另一个家庭里的养父母则什么乐器都不会。

后来，双生子的其中一个成为钢琴演奏家，担任某交响乐团的钢琴独奏，而另一个则不会弹琴。我们一般认为是教钢琴的那位养母教育出了会弹奏钢琴的孩子，而实际上这位钢琴演奏家来自那个养父母什么乐器都不懂的家庭。

为什么会这样？原来，不懂音乐的养母坚持让孩子上钢琴课，并确保她每天都有时间练琴。而教钢琴的养母也让她的孩子学琴，只是孩子没能坚持下来，孩子的天分也就浪费了。

哈里斯并不是否认父母对孩子的影响，而是认为父母的作用没有那么大，但他也赞同父母应该为孩子提供知识和训练，以便孩子走出家门后能够应付外面的世界。在《教养的迷思：父母的教养方式能否决定孩子的人格发展？》一书中，哈里斯说道：

> 凡是文化中涉及在家里做的事情，父母都有影响力，烹饪就是一个很好的例子。任何在家里学到的、在家里保留的东西，基本上都是父母传授给孩子的。

平克和哈里斯都认为，父母对孩子的影响虽小，但并不是鼓励父母对孩子不闻不问，甚至是家暴或者酗酒。给孩子提供基本的关爱，是身为父母的首要责任，比如带孩子接种疫苗、提供健康的食物，满足孩子成长所需。

上述研究都是在正常的家庭中进行的，所谓"正常"，就是指这些家庭一般都能为孩子提供关爱、保护并给予教导。至于不正常家庭和正常家庭对孩子的影响的差别，这些研究没有展开讨论。哈里斯为了证明自己的理论，反复强调说：

> 像你和我一样的普通家长不会对孩子产生任何影响，我们就像工厂流水线上的工人一样，可以相互交换。对孩子造成显著影响的是那些把孩子打到住院，或把孩子丢在充满屎尿味和食品腐烂气息的冰冷的公寓中的父母。这是教养假设最后赖以支撑的希望：家庭环境可以糟糕到对孩子造成永久的伤害。

回过头来我们看当今的父母，为孩子买学区房，选好的幼儿园，上贵族学校，挤破头让孩子进好的学校，都是深受"孟母三迁"的影响，父母都想通过好的学校环境为孩子提供好的教育条件。然而，这些真的能够让孩子学好吗？在一个好的学校里，就没有学习差的同伴影响吗？

在孩子的一方，长大后犯了错误，他们常常不从自己身上找原因，而把所有罪责推到父母身上，自己犯了罪是父母的错，自己没法取得成功是父母没有提供好的物质条件，责怪父母要比责怪自己来得容易。

那么，在家庭中，父母应该如何对待自己的子女？子女又该如何对待父母？答案其实不用什么学者去教，父母要养，子女要孝，是孔子提出的基本伦常。虽然很多时候，父母与子女在选择上存在冲突，但父母还是应当与子女成为朋友。

举个显而易见的例子，男女之间谈恋爱，你会因为欣赏对方的优点，从而改变自己的看法，但若想改变对方的人格特质，那就非常难。

对待子女也应当如同谈恋爱一般，父母要像对待配偶一般把孩子当作一个有自己想法、有自己独特个性的人，而不是把子女看作可以实现自己未竟梦想的工具，逼迫孩子做他不喜欢的事情。

推荐阅读：朱迪斯·哈里斯著《教养的迷思：父母的教养方式能否决定孩子的人格发展？》

第二章

星巴克卖的不是咖啡，而是"鸡汤"

有个叫特拉维斯的美国小孩，小时候父母吸毒成瘾，高中没上几天就辍学了，后来又因为同性恋被人歧视。辍学后，他在洗车店、麦当劳还有影碟租赁店等各种地方打杂。一次偶然的机会，一位熟客把他拉进了星巴克，他成为星巴克一家门店的服务生。此后，特拉维斯的人生彻底改变了。在25岁时，他已经是年薪44000美元的门店经理，手下管理40多人。

这是很多成功学故事的典型叙事模式。不过，促使特拉维斯改变的确实是星巴克，到底是什么成就了他，或者说是什么成就了星巴克呢？

星巴克在全球拥有约2.5万家分店，员工23.8万人，在中国的门店就有3000多家（2015年的数据）。正如早期很多成功的创新型公司都会被人称为某个业界的"黄埔军校"一样，星巴克也有一些军事化管理条例，如对新入职的员工培训50小时以上，给员工委派专属导师进行交流等。

国内的例子也有很多，比如海底捞、平安保险等，入职前这些公司都要给员工们灌很多"鸡汤"。星巴克就注重培养员工的意志力，使努力工作成为他们的一种习惯，而意志力也是引导个人走向成功最关键的阶梯。

但是，本文说的重点不是这些。特拉维斯的例子来自查尔斯·杜希格的《习惯的力量》一书，除此之外，该书还通过多个案例，小到个人的改变，大到公司和国家部门的变化，通过心理学、管理学等领域的研究资料和理论，总结出了一个足以改变人生和企业命运的要素——习惯。如果你能发现自己的"习惯模式"或"习惯回路"，就能彻底改变自己的事业和生活。

由此，杜希格说："从某种意义上讲，（星巴克）已经成为全美最大的教育机构之一。"与《习惯的力量》中强调"习惯"的重要性类似，另一本名叫《刻意练习：如何从新手到大师》的书，讲的也是类似的道理。

在《刻意练习：如何从新手到大师》这本书里，作者安德斯·艾利克森提出，有个好导师，有目标、有反馈地不断练习，就可以促使一个人养成一种习惯，最后从新手变成大师。此类的书还有马尔科姆·格拉德威尔的畅销书《异类：不一样的成功启示录》，他提出了"1万小时定律"，即任何人经过1万小时的锤炼都可以超凡脱俗。

这些强调后天养成习惯、培养意志力进而成功的畅销书，经常喜欢使用的例子就是神童莫扎特。普通人认为莫扎特天赋异禀或者就是个天才，然而艾利克森等人却不以为然，他们认为莫扎特惊人的才能都是通过后天不断练习取得的。

他们认为，莫扎特在年纪很小的时候就开始接受音乐训练，父亲是音乐家，姐姐也是钢琴演奏家，所以莫扎特的才华其实都是后天培养的结果。所以说，人人都可以成为莫扎特，通过"刻意练习"或者"1万小时的练习"，就能够成为有才华的音乐家。

然而，这些强调后天教育的人，却忽略了最为基本的问题，那就是基因遗传的作用。在普通人眼里，"天才""天赋"或"天份"等词语都是用来表示遗传的影响的，而这些畅销书作家以及很多学者却都不以为然。

究竟是莫扎特继承了父亲音乐家的基因最终成名，还是莫扎特的父亲后天的教育培养了他，"先天"与"教养"的争论一直不断。朱迪斯·哈里斯在其著名的《教养的迷思：父母的教养方式能否决定孩子的人格发展？》一书中，就批判了忽略先天基因影响的理论假说。

哈里斯指出，的确很难判定一个人的个性和性格中哪些是先天基因的作用，哪些是后天教养的结果，研究者也不可能拿一打孩子去做实验，父母不同意且不说，这首先违反伦理道德。但这些问题难不倒学者，他们应用的研究方法就是，通过控制多个变量来观察其中一个变量的影响。

幸好我们社会上还有很多同卵双胞胎，在收养家庭长大和同一家庭长大的兄弟姐妹，可供学者研究。基因相似性从高到低分别是：同卵双胞胎拥有100%的相似性，有血缘关系的兄弟姐妹之间（或异卵双胞胎）的相似性是50%，而收养家庭的兄弟姐妹之间的相似性为零。

研究者发现，即便是在出生后就被分开收养的同卵双胞胎，他们的个性与性格差异也非常小，与在同一个家庭长大的同卵双胞胎之间的相似性几乎等同。也就是说，即便同卵双胞胎的两个人从小不在一个家庭，长大后他们还是会买同一款汽车，支持同一个政党，喜欢同一类型的人。

由此可见，先天的遗传对一个人的性格影响至少占50%。而剩余的一半是不是就完全来自家庭教育或者教养呢？结果是令人震惊的——家庭教育最多只有5%的影响。

根据强调教育影响的理论预测，来自收养家庭的兄弟姐妹之间应该有更多的相似性才对，然而事实上，来自收养家庭的两个毫无血缘关系的兄弟姐妹之间的相似性，与在街上随便选的两个人之间的相似性差不多。而两个亲兄弟姐妹，在同一家庭长大，他们的相似性也就是50%，与分开收养在不同家庭长大的兄弟姐妹之间的相似性差不多。

这些研究实际上给了那些认为莫扎特的音乐成就是后天教养的结果的人士一记响亮的耳光。"1万小时定律"或"刻意练习"这种说法的确给人安慰，但却很容易误导人，一个天资愚笨、没有任何音乐天赋的人就算练习10万小时也无法成为音乐大师，最多只是一个三流的演奏者而已。还不如将精力和时间放在自己擅长的事情上，"扬长避短"远远好过

"扬短避长"。

普通民众能够认可的事情，为何一些所谓的专家和畅销书作者却无法理解？演化心理学家史蒂芬·平克在他的《白板：科学常识所揭示的人性奥秘》一书中给出了答案。英国哲学家约翰·洛克提出了"白板说"，认为刚出生的人类就是一张白纸，至今这个理论还有众多的信众。对此，史蒂芬·平克表示：

> 在20世纪，"白板说"成了许多社会科学和人文科学的研究议题。正如我们看到的那样，心理学试图用一些简化的习得机制来解释所有的思维、情感和行为，社会科学试图把所有的风俗习惯及社会安排看成是儿童在文化环境影响下不断社会化的产物。

在儿童教育和成人教育里，"1万小时定律"和"刻意练习"这种说法也都是建立在"白板说"基础之上的，它刻意忽略了遗传的影响，仿佛我们生下来都是一张白纸，然后通过勤奋练习就可以成才。

2008年，哈里斯为《教养的迷思：父母的教养方式能否决定孩子的人格发展？》一书的第二版撰写"序言"时，离这本书第一版的出版发行已经过去了10年，这10年里哈里斯提出的论据从广受批评到逐渐被接受。而这本发人深省的书在2015年才有了中文版，中文世界的我们终于得以一睹这场持续了将近20年的教养与天赋之争，但实在是有点晚。

由于我们的后知后觉，再加上出版社的广泛"助推"，让上述《刻意练习：如何从新手到大师》《异类：不一样的成功启示录》《习惯的力量》等鸡汤励志类图书泛滥成灾，傻乎乎的读者还遵循着书中提到的一些方法，去试图改变些什么。却不知道，有些东西可以改变，有些东西着实与天赋有关，不应该强扭。

要说性格，如悲观，的确可以改变，积极心理学提供了很多方法，也有很多的案例证实了改变的益处。但悲观也并不全是坏处，悲观能够让我们更加认清自己的处境，而不是盲目乐观，悲观的人能够一针见血地看到别人的缺点，他们做评论家或是个不错的方向。

我们生来不是白板，而是一张草图，至于最后的成品如何，还需要自己后天的努力为之添砖加瓦。但若这张草图是为一个建筑师设计的，你就没必要勉为其难地非得要去做一个股票经纪人。若你天生对数字敏感，你的草图就不是为艺术家准备的。

我之前也在保险公司待过，但我喜好质疑的性格显然不适合这里，每天的晨会和各种宣讲会上，我总是在质疑为什么要这样，总是在抵制群体的盲从心理。如果我继续待在这个行业，我将是一个业绩最差的推销员，而如果我去阅读、去学习写作，我将获得更大的成就感。

本篇一开始提到的特拉维斯的案例，完全可以换一个说法，是特拉维斯自己的性格决定了他可以培养很强的自制力，在集体学习中他可以比其他人更容易形成这种意志力。作者把案例用错了地方，只是为了试图证明自己的观点，如此而已。
星巴克卖的不是咖啡，卖的是鸡汤，更是企业管理案例。

推荐阅读：史蒂芬·平克著《白板：科学常识所揭示的人性奥秘》

外国人不会补零找整，
真的是因为数学差吗？

在国外旅游或生活过的中国人，引以为豪的事情之一就是数学。尤其是在购物时，喜欢补零找整，例如15.25元的东西，给收银员20.25元，让其找整币5元。但这样的算法，时常让外国的收银员感到有些费解和蒙圈。

据此，中国人常常就觉得，外国人的数学能力实在差得要命，基本的减法运算都需要用计算器。而看着收银员看向我们的"膜拜"的眼神，我们的自豪感便油然而生……

然而，事实并非如此。

我开始也以为是他们的数学能力（主要是减法和除法运算能力）差，但仔细观察之后，发现并不尽然。

以上述15.25元的东西为例，我们补零找整运用的是减法运算：$20.25 - 15.25 = 5$，然而外国的收银员却用的是加法。

也就是说，一个东西15.25元，收银员收到20元之后，先找零0.05元，凑到15.30元，然后再加上0.20元，加到了15.50元，再加上0.50元凑到了16元，最后再加上4元，一共就是物品的价格15.25元加上找零，得出结果是：

15.25＋0.05＋0.20＋0.50＋4=20（元）

经过多次观察，我可以确定收银员大部分时候用的正是这种加法运算，有的收银员干脆直接念出来："这里是5分，然后20分，还有50分，这里是4元……"

无论是加法还是减法，能够得出正确的结果就好，虽然以数学角度看，减法可能更优美简洁。但是，当收银员遇到中国人的习惯做法时，就出现了困难。

物品15.25元，你给了收银员20.25元，对于不习惯使用减法的他们来说，无疑增加了难度。在经过上述"15.25＋0.05＋0.20＋0.50＋4"计算之外，他们还要再加上你给的"0.20＋0.05"，才能得出正确结果。

也就是说，你即便是给了对方20.25元，他也不会正好给你找一个5元的整币，而是先将你给的0.25元退回去。但有一些收银员会意识到这个问题，从而采用减法计算。

运算过程中采用的方法不同，让我们以为外国人的数学能力差（总体上差是真的），事实上却是我们忽略了文化差异。

为何会造成这种差异？

原因之一当然还是中国的孩子从小训练加减乘除四项基本运算，基础比较扎实，在日常生活中也时常运用，所以长大后这种运算能力也并未退化。数学考试中带计算器，在中国简直是天方夜谭。但美国大学入学考试（ACT）、学术能力测试（SAT）等，都是允许带计算器的。

原因之二，是我们不喜欢装零钱，更喜欢比较好携带的纸币。有些地方的零钱普及比较好，例如上海，无论公交和日常购物，硬币的通用性还是不错的。但有些地方的公共交通，干脆就直接拒绝使用硬币（因为假币太多）。这样也导致了我们喜欢补零找整。而且，欧元、美元、英镑等硬币的购买能力还是比较可观的，人民币的硬币基本上买不到什么东西。

说了中国人喜欢补零找整之后，再来谈谈为何外国人（这里特指西方世界）不习惯用减法呢？

其一，国外不重视算术，但注重理解。

曾有网友提到英国老师教小孩子乘法的换算：4×5为何等于5×4。这在我们看来，就是乘法的交换律$a \times b = b \times a$，没什么好解释的。

而网友提到的那位英国老师，先将20个糖果以4个为一堆分成了5堆，然后再以5个为一堆分成了4堆。这样一来孩子们很容易就能够理解为何4×5等于5×4了。

这就是思维方式的差异。我们注重运算结果的正确性，而不注重理解数学关系。

其二，我们注重记忆，但不注重推理，国外则恰恰相反。

与上述的原因类似，我们只需要孩子背诵九九乘法表即可，但不要求学生推导结果。我曾在网上看到一篇文章，它介绍了外国人是怎样背诵乘法表的，我们又是怎么加以嘲笑的。

在我看来，他们的运算过程值得我们思考中西方数学教育的根本差异，而不是加以嘲笑。

上面两个原因，也可以回答这样的问题：为什么中国人的数学普遍比外国人好，但外国人在数学方面得的奖却比中国人多？

有人认为，这种基于加法运算的逻辑还反映在不同社会文化上。如法律上的"无罪推定"，判定某人是否犯罪，先假设为无罪，找到证据之后，再往上加罪，最后再得出结果。而基于减法运算逻辑得出的就是"有罪推定"，先定罪，然后根据事实能否证明，再确定是否减罪。

加减法运算逻辑与有罪无罪推定之间的紧密关系，我认为证据不足，有些牵强附会，所以我抱有一定的怀疑态度，但这样的差异确实是中外文化差异的一个体现。

对不同文化，我们应该多一分理解，这样才能做到宽容，不以一己之见臧否他人。特别是在国外买东西的时候，我们尽量不要给别人添麻烦。

数学好，并不代表逻辑思维能力好，也并不代表生活能力强。有朋友告诉我，她有一次想炫耀一下中国人1~50相加的速算法，结果对方却并没回报以赞赏的眼光。那位18岁男孩反而说："谁会在生活里用到1加到50的速算法呢？"

的确如此，在电子产品和互联网越来越普及的今天，这些计算工作都可以交给计算机来做，人类应当从繁重的计算中解放出来，从事更多具有创意的工作。

正如尤瓦尔·赫拉利在《今日简史》一书中所表达的
忧思：

当一切工作都可以用计算机算法处理的时候，
你还在炫耀自己的数学能力好？具有里程碑意义的
事件已经不是计算机打败了人类，而是谷歌的Alpha
Zero程序击败了Stockfish 8程序。

推荐阅读：尤瓦尔·赫拉利著《今日简史》

非洲人到底会不会种菜？

曾听人说，中国人来了之后，非洲人才发现自己的土地原来是可以种菜的。搜索了一下新闻，的确有一些关于中国人种菜深受非洲人民喜爱的故事。

一开始，我对这些深以为然，时不时和朋友拿这些新闻开开非洲人的玩笑，用以证明非洲人的懒惰或愚笨，当然，我更想说的是中国人的勤奋和聪明。直到读了《枪炮、病菌与钢铁：人类社会的命运》之后，我对此深深地表示怀疑，并不再认同。

《枪炮、病菌与钢铁：人类社会的命运》一书的主旨很简单，作者总结为：不同社会之所以在不同大陆得到不同发展，原因在于大陆环境的差异，而非人类的生物差异。

这听起来就是"环境决定论"，对于这种观点，之前我是基本上不赞同的，这种论点忽略了人的创造能力，特别是不同社会群体在文化、宗教及其他方面的差异性。

但读完此书，我却被作者的观点深深折服。此书的伟大之处，无须用它获得多少奖、对多少学者产生影响来证明，作者非常认真地提出了我们觉得不用思考的问题，并尝试去解答它，即便是我们对于作者给出的答案并不满意，但我们仍然可以顺着作者提出问题的方向去思索，并寻求自己的答案。

例如，作者问道：为什么枪炮和钢铁不是首先出现在非洲，从而使非洲人得以征服欧洲？为什么是欧洲而非中国在近代征服了全球？

哲学领域有一句话：提出问题是解决问题的一半。的确如此。当被问到上述问题时，尤其是欧美人提出这样的问题时，中国人惯常的对待方式就是，怀着抵制情绪，揣测作者的意图：作者大概就是要证明欧洲文明的优越性，或者种族优越性吧。

但请放弃这种成见，继续往下看。作者将语言学与考古学相互印证，对人类历史的变迁给出了自己的解答。

首先从起点说起。在人类走出东非，向各个大陆迈进与迁徙的时候，他们过的都是采集和打猎的生活。这样的生活方式，使得人类只能逐果树而居，人口也因食物有限受到限制。居住在各个大陆的人们在过着采集生活的同时，开始了驯化动植物之路。

作者令人信服地指出，在所有可能驯服的动植物清单上，各个地区的人类都进行了尝试，然而不幸的是，在可驯化的动植物中，只有10多种最后成为我们经常吃的蔬菜水果和肉类。在这些最初被驯化的动植物中，来自新月沃地的贡献最大，其次还有中国等。因此，人类进入农业社会产生的早期文明，与动植物驯化有着莫大的关系。

农业比起采集狩猎来说，可以养活更多的人口，更多的人口促进了社会管理能力的提高，由此才有了苏美尔和赫梯，有了埃及和中国。

动植物依次被驯化的时间，也是各个古文明兴起的时间。

> 粮食生产的主要传播路线，是从西南亚到欧洲、埃及和北非、埃塞俄比亚、中亚和印度河河谷；从萨赫勒地带和西非到东非和南非；从中国到热带东南亚、菲律宾、印度尼西亚、朝鲜和日本；以及从中美洲到北美洲。

但这些还不足以说明为什么是欧亚大陆在近代完胜美洲和非洲。还有一个主要因素是地理环境。作者指出，与欧亚大陆沿东西主轴走向传播不同，非洲和美洲主要是沿南北主轴传播的，这导致不同纬度地区的农业传播（动植物的传播）出现了阻碍。而欧亚大陆因传播方向为东西向，与纬度关系不大，因此并未出现太大阻碍。

同样纬度有着类似的气候，动植物传播也比较迅速，不同纬度间的传播就要困难得多。以非洲为例，作者将北非划入欧亚大陆核心区，北非往南就是撒哈拉沙漠，这是不可逾越的地理屏障，即使是被驯化了的马和牛，在撒哈拉以南也会遇到采采蝇传播的锥虫病，植物更是难以适应非洲气候。

美洲遇到的也是同样的情况，墨西哥与厄瓜多尔相距只有1200英里，与巴尔干半岛到美索不米亚的距离差不多，但动植物之间的传播却相当不易。

与动植物传播遇到的阻碍相同，其他技术与发明的传播也会因地理条件而受到阻碍。最典型的例子是史前时期墨西哥人独立发明的轮子始终没有传播到安第斯山脉地区，就是说墨西哥的轮子没有和美洲唯一可以负重的驯化动物——羊驼相遇，所以它很长时间内只能用作玩具。

此外，人类进入农业社会后，被驯化的动物带来了更大的问题，那就是疾病。《人类简史》的作者赫拉利认为采集社会的饮食结构更为健康，事实也的确如此，人类历史上遇到的各种病不可能在小群体狩猎采集社会和刀耕火种时期肆虐，只会在高度集中的农业社会里大肆传播。

驯养动物带给了我们很多疾病。欧亚大陆的人通过丝绸之路、错综复杂的短途贸易、战争等相互交流着文化，也相互传播着疾病，蒙古大军给欧洲带来了黑死病，此外，天花、麻疹等疾病也在欧亚大陆广泛传播，疾病和人都在争先恐后地进化着。然而长期隔绝的美洲大陆，在遭遇了欧洲人的传染病之后，迅速沦陷。可以说，欧洲人靠5%的枪炮和95%的病菌征服了美洲。

至此，我已经没有反驳作者地理环境决定理论的理由了。但还剩下一个问题，为什么是欧洲人而不是中国人征服了世界？

对于这个问题，作者没有采用各类循环论证，而是给出了自己的答案。循环论证的理论比比皆是，例如欧洲的新教或者西方自古希腊以来注重的和流传下来的科学传统促成了资本主义的发展，又或者说偶然因素促成了工业革命，等等。作者指出，欧洲之所以能够扩张到全世界，是因为：中国是统一的，而欧洲是分裂的。

欧洲长期以来的分裂，或者说没有任何一个人或一个国家统一过欧洲——罗马没有，拿破仑没有，希特勒更没有，造成了欧洲诸国和贵族之间的竞争。正因为没有统一的王权，各个领域得以相对自由地发展。而中国，因为大一统，明朝皇帝一道命令，整个中国便开始"海禁"。技术与发明在任何社会里都有起有落，长期不用就会倒退。例如，日本在被美国人打开国门前，曾一度从荷兰人那里学会了造枪，但幕府的一纸禁令，日本逐渐销毁了所有枪支及相关技术。

所以我们不应该抱怨，人类社会的发展本就有得有失，失去的机会通过可以学习再抢回来。

最后，让我们回到本篇开始的话题，非洲人并不懒惰也不愚蠢，非洲人在殖民主义者到来之前，有5个不同的人种，拥有全世界1/4的语言，没有哪个大陆拥有非洲这样的多样性。

非洲有班图人这样的农民渐渐扩大地盘，"淹没"（戴蒙德语，通过政府驱逐、混种繁殖、杀害或流行病）了其他民族。15世纪殖民主义者到达之后，带来了作物，南非的地中海气候使得这里可以种植的东西与地中海周围一样多。

就农业种植方面来说，非洲人并不是不会耕种，在非洲很多地区，哪怕是上帝去了也种不活一粒小麦。而在一些适宜耕种的地区，非洲人已经尽己所能，将可以驯化的植物尝试了一遍，并引进了来自西亚与东南亚的作物。

首先，仔细看了几则新闻之后我发现，新闻里所说的不会耕种的地区，不是西非的加纳，就是可以种植可乐果的地方，而有的时候是苏丹——那个在埃塞俄比亚上方、埃及下方，古代被叫作"上埃及"的地方。因此，中国人并不比非洲人聪明，世界各个种族群体在遗传上没有明显的智力差别。

其次，即便是可以种植的地方，西方殖民者在撤离该地方之前，并未向当地人很好地传授栽培技术。毕竟不管是引自亚洲的蔬菜还是引自美洲的玉米，都需要当地人精通农业技术和灌溉技艺，这一点也印证了作者的观点。

最后，我们不应该把非洲当作整体来看待。正如中国人在相互认识之后，都要介绍一下来自哪个地区，北非属于地中海文化圈，东非属于阿拉伯文化圈，南非有其特殊的政治地位，东非则是班图人的发源地，而且非洲并不只有一个人种。

到此为止，对非洲人的嘲笑差不多该停止了。别再沾沾自喜，在历史的长河中，早发展几十年的我们嘲笑非洲人民只不过是五十步笑百步而已。

推荐阅读：贾雷德·戴蒙德著《枪炮、病菌与钢铁：人类社会的命运》

从母乳喂养史看思维方式的改变

现今时代，母乳喂养有助于婴儿发育已经是众所周知的观念。然而，这样的观念，直至20世纪60年代也未被认同，那时连医生都不承认母乳比奶粉有优势。

塔勒布在《黑天鹅》一书中就痛批了这种"回路错误"，他认为这些医生犯了混淆"无证据表明母乳有优势"与"有证据表明母乳无优势"的错误。实际上，那时候的医生没有找到母乳与其他替代品的差异，就认为母乳毫无优势。

我们暂且不从医学角度来讨论母乳的好处，而是从人类历史的角度来看看母乳喂养的发展历程。

哺乳与受孕不可兼得

在人类发展的早期阶段，人类（女性）亲自哺乳孩子是显而易见的，包括在动物界，也大多是由单亲母亲（偶尔也有父亲）来喂养孩子。

我们都知道，女（雌）性在哺养阶段，会因为激素分泌导致较长时间的哺乳性闭经，也就是说在喂奶阶段，女性是很难再次怀孕的。人类基因如此设计，也让在物资匮乏年代里出生的后代能够生存下来。

犹太人的法典里就有规定：母亲必须哺乳新生儿24个月，不得提前断奶。这明显是为了保证新生儿的成活率和限制种族人数的一项规定，而不是犹太人看到了母乳哺养的好处，有先见之明。

奶妈在人类历史中的作用

然而，当文明发展到一定阶段，掌握一定物质资源的男性的配偶，开始不再亲自喂养孩子，而是交由旁人（奶妈）带养，因为中断了哺乳期，所以她们可以很快再怀上一胎。从古埃及到古罗马，很多贵族妇女会雇用奶妈喂养孩子。

中国古代也同样如此，《礼记·内则》规定，天子、诸侯、大夫之子有资格请乳母哺育，士之子必须由母亲自己喂养。这也显示了上层贵族与中下层贵族之间的差异，从礼制上确定了天子、诸侯、大夫有权减少母亲哺乳周期，从而得以多生养孩子，而士以下的阶层则可能需要等上一年或几年之后才能再次怀孕。

很多历史学家把这种请奶妈喂养孩子的举措，解释为贵族认为哺乳不合乎贵族身份或哺乳是有违礼仪的事情，其实他们没有看到贵族将孩子交由奶妈喂养的真实目的，就是为了缩短生养下一个孩子的间隔。

奶妈在历史上通常由下等人充当。在此强调一点，很多人以为奶妈必定是刚生了孩子的人，其实不然。在哺乳期外的女性乳腺发育、分泌乳汁的例子不胜枚举。只需对乳房的一些相关神经进行一些刺激，就能够促使腺体释放激素，导致泌乳，所以男性泌乳的事件时有发生。

最新医学实验显示，多数孕妇在怀孕3～4周后就会分泌乳汁。在古代，人们把孩子或玩具娃娃放置于胸部，也可以刺激腺体达到同样效果。因此，奶妈不一定要在有自己的孩子之后才能哺乳他人的孩子。

人类和动物界的杀婴行为也多基于哺乳期女性很难再次怀孕这个原因。入侵者在占领一个族群、部落或是城市之后，常会采取屠杀婴儿的措施。将处于哺乳期的婴儿杀掉，既是为了斩草除根，也是为了让婴儿的母亲在停止哺乳之后能再次受孕，为入侵者孕育后代。

卢梭为何提倡母乳？

卢梭在《爱弥儿》一书中提倡母乳喂养，此后母乳喂养在法国宫廷开始风靡。奶妈喂养制度风行了很长时间，为何仅凭卢梭的一本书就能够让贵族乖乖放弃？

凭借当时卢梭的声望判定是他推动了母乳喂养这一观点是没有多少说服力的。当然，从教育的角度来看，提倡母乳喂养没有错，但重视传承和强调多子多福的贵族怎么会放弃这个观念呢？

《爱弥儿》一书写于1757年，1762年第一次在荷兰的阿姆斯特丹出版。那我们应该研究一下18世纪下半叶欧洲的医学、人口及经济发展情况，才能确定卢梭的说法是否值得提倡，以及为何受到贵族推崇。

首先，如果要实施母乳喂养，那么在18世纪的启蒙时代，医学应该有良好的发展，婴儿的死亡率和早夭率有所降低。《医学是行动的哲学：启蒙运动中的科学革命与哲学革命》一书有如下记载：

> 1749—1759年的10年间，每15个婴儿中就有一个在出生后不久夭折；到1799年，这个可怕的比例锐减至每118人中死亡一人；同期的产妇死亡率从26.7‰下降到2.4‰。

18世纪的医学发展较快，所以推动了生育率的提高和生育时间的提前。

其次，18世纪欧洲人预期寿命将会增加，特别是18世纪中后期，人口增长极为迅速。

人口增长方面的实际情况也是如此，经历了17世纪长达30年的战争之后，18世纪欧洲人口恢复增长，在卢梭出版该书的年代，欧洲人口达到了历史新高。18世纪末期，马尔萨斯就已经出版了《人口学原理》，警示人们人口增长超越食物供应增长，会导致人均占有食物的减少。

因此，从人口方面看，欧洲已经有太多人了，再不采取节育措施恐怕粮食要不够吃了。而卢梭提出的母乳喂养，在一定程度上能够缓解人口压力，降低生育频率，从而缩小总人口规模。看来人口增长作为动因也是说得过去的。

1776年，也就是卢梭发表《爱弥儿》不久后，亚当·斯密出版了《国民财富的性质和原因的研究》（即《国富论》），18世纪也被看作工业革命的节点所在，因此欧洲经济开始大幅度增长。

医学的发展、人口的增加和经济的增长，都推动女性单纯地沦为生育工具的时代成为过去，在避孕技术尚不发达的18世纪，以母乳哺养代替避孕不失为一种较好的措施。因此，卢梭在这个时代提出这一倡议，正好得到社会名流的支持。

从鄙视到提倡

随着配方奶粉的出现，加之人类对于科技的盲目推崇，西方世界从20世纪初开始鄙视母乳喂养，认为这是下等人、没有文化的人的行为。所以也就出现了本文开头所说的，20世纪60年代盛行的"母乳没什么优势"的观念。

20世纪初，人类社会发生了一个重大的变革，就是1919年天然乳胶避孕套的发明及配套的自动生产线的投产，这使得避孕套的价格大大降低，避孕套广为普及。由此，以母乳喂养进行避孕已经不再是一种刚性需求，而工业革命以来的科技乐观主义精神盛行，也让人们越来越相信，奶粉可以取代母乳。

还有一个重要的动因是，工业革命使得女性走出家庭，进入工厂、办公室上班，走向独立，从而脱离哺养、看护婴儿的固定环境。

20世纪60年代，母乳的替代品使用达到了历史最高点，也就是在这个时候，妇女们组成协会，呼吁母乳喂养，联合国卫生组织也开始倡导母乳喂养。很多人以为母乳哺育被重新接受是这些组织发挥了作用，其实是因为20世纪70年代出现了全球经济滞胀，失业率剧增，女性只能回归家庭，重新担起哺养婴儿的重任。

时至今日，中国的母乳喂养率约为21%，而世界平均水平是38%左右。女性虽然不再是调节人口和经济压力的生育机器，然而她们所面临的困境依然存在。要让所有男性都把哺乳视作一份辛苦的职业和消耗很多能量的事情，可谓任重而道远。戴蒙德在《性趣探秘：人类性的进化》中提出的由男性哺乳的观点有些许道理：

> 我们已知人类的进化使得女性哺乳的专职在生理上已是摇摇欲坠，在人们的心理上也将有同样的效果。

我们已经有能力对进化进行反向选择，那么男性哺乳会不会成为另一种可以选择的可能，从而改变社会对女性哺乳的偏见呢？

在回顾了母乳哺养的历史后，我们看到，人类在不同发展时期会采用不同的策略。人类部落早期，为了避免人口过多压缩生存空间，通常采用长时间的母乳哺养方式。到了农业社会，国家和城市出现之后，为了增加后代的存活概率，贵族也愿意减少哺乳时间而选择由他人代哺。而近代以来，随着医学的进步和避孕技术的提高，母乳喂养不再成为避孕手段，科技进步让母乳哺养成为一种过时的风尚。20世纪后半叶，人类社会渐渐认识到母乳的营养价值，加上经济方面的影响，越来越多的女性开始亲自哺乳。

总之，母乳哺养从来就不是一种生养孩子的简单行为，它受三个因素的影响：一是人口与族群的关系，二是新生儿的成活率，三是经济环境。而这三点都是与人类进化息息相关的。

推荐阅读：贾雷德·戴蒙德著《性趣探秘：人类性的进化》

全球各地五花八门的亲属称谓

中国人的亲属称谓，有时候我们自己都能搞得头昏脑涨，姨表与姑表，舅妈与婶婶，常常傻傻分不清。而这对于学习中国文化的外国人来说，更是让人一头雾水。

学过英语的都知道，英语中的亲戚关系比较简单，管他七舅还是三伯，一律叫uncle，舅妈、伯母，一律叫aunt，简单明了。实际上，除了英语国家，其他不同国家和地区的文化中，亲属关系称谓也都有些不同。

早期研究不同社会亲属关系称谓的学者中，最著名的应是美国人类学家路易斯·亨利·摩尔根，1871年他出版了《人类家族的血亲和姻亲制度》一书。

真佩服这位老兄，花了三年多时间，实地调查访问美国的原住民，搜集了很多的资料，要不是两个女儿死于猩红热，他还会继续调查研究。

这本600多页的巨著中，有200页内容是不同社会中亲属关系称谓的表格。这600多页还是应出版社的要求，删了又删。当时，每页的雕版印刷成本高达16美元，全部600多页加起来可是近1万美元，那可是在19世纪的价格。

据估计，摩尔根个人在这本书的研究、撰写和出版过程中的耗费了25000美元，中间还痛失爱女。历经磨难，这本书终于在1871年得以出版。

这本书也被认为是人类学研究的开山之作，摩尔根后来的《古代社会》（1877年出版）一书更是备受马克思和恩格斯推崇，恩格斯阐述马克思的历史唯物主义理论的著作《家庭、私有制和国家的起源》，副标题直接就是"就路易斯·亨利·摩尔根的研究成果而作"。而摩尔根也是唯一被马克思、达尔文和弗洛伊德三位当代大师级学者共同引用的社会理论家。

回到《人类家族的血亲和姻亲制度》一书，我们继续讨论七大姑八大姨。摩尔根定义了两种亲属关系的专有名词：描述性的和分类性的。

描述性亲属关系只表示两个人之间的一种亲属关系。例如汉语中，我们只把比自己大的兄弟称为哥哥。中国的亲属关系，两个人之间都有独有的称呼，所以基本上都是一种严格的描述性亲属关系。

分类性亲属关系是指一个词可以指许多不同类型的关系。例如，英语中的brother一词，表示的是同一个父亲或母亲所生的所有儿子之间的称谓，这就是一种分类性的亲属关系。而英语中的cousin一词，既可以指母亲的兄弟姐妹的孩子，也可以指父亲的兄弟姐妹的孩子。

在一个社会中的描述性亲属关系可以成为另一个社会中的分类性亲属关系，例如陕西话的"大大"，既可以指父亲，也可以指父亲的兄弟。

有了定义之后，摩尔根将众多不同社会的亲属关系进行归类并总结出了一些规律。

首先，几乎所有不同社会的亲属系统，都区分性别。例如爸与妈、兄与妹叫法不同。这个好像也挺好理解的，无论是采集部落还是游牧部落，都以家庭为核心组成，试想在家里叫一声"爸爸"，父母分不清叫谁，也会不知所措吧。叫哥哥和叫姐姐也是一个道理。

其次，亲属关系都区分世代。例如父母辈和子女辈的叫法不同，理由同上，分不清自家的世代，好像也挺严重。爷爷和孙子要是一个叫法的话，恐怕孙子屁股会被打青的。

以上两点，好像也不是什么规律，但是有意义，后面就可以看出问题所在了。

摩尔根还归纳出了人类社会的六种亲属称谓模式。

第一种：夏威夷类型——"一律都叫妈"。

这是分类性最强的一种，就是说一个词可以指许多不同类型的关系。夏威夷类型的亲属称谓中，"母亲"一词既可以指亲生的母亲，也可以指母亲的姐妹。父亲的兄弟也叫"父亲"，这跟上面说的陕西话中的"大大"有相同之处。

在夏威夷类型中，只区分了性别和世代，兄弟姐妹和堂兄弟的称呼没有区分。这是几种亲属关系类型中最为简单的一种，比英语中的称谓更简单。夏威夷原住民过节的时候应该不用发愁，凡是和母亲年纪相仿的都叫"妈"，和父亲年纪相仿的都叫"爸"，各种表兄弟姐妹一律叫姐姐和哥哥就行。

第二种：苏丹类型——"表哥堂哥不一样"。

这个类型是描述性最强的一种，亲戚各自区分，有不同称呼。兄弟姐妹与表兄弟姐妹的称呼也各不相同，不同的表兄弟姐妹使用不同的称谓。中国就属于这种类型。

这种类型在古代拉丁语世界和盎格鲁-撒克逊文化中也存在，古英语中也有很多不同叫法的词语，与现在不同。

在当今的阿拉伯和土耳其文化中，也拥有比较复杂的亲戚称谓，巴尔干半岛一些国家，仍使用这种类型不同、程度简化过的称谓。与中国的亲戚叫法差不多，父母的兄弟姐妹与他们的儿女都有不同的称呼。

苏丹类型是一种比较复杂的亲戚称谓系统，通常与父系制度的兴起同步，在文化复杂、阶层分化细致的社会中较为常见。

第三种：爱斯基摩类型——"亲的才分叫法"。

这一类型也被称为"因纽特类型"，是兼具分类性和描述性特殊的亲属称谓类型，除了性别和世代称呼不同之外，还区分了直系亲属和旁系亲属。

直系亲属大多使用描述性的称呼，而旁系亲属大多使用分类性的称呼。

这个类型还有一个特点，就是并不区分母方和父方的亲属称谓。例如，外公外婆和爷爷奶奶一个叫法。英语亲属称谓系统就属于爱斯基摩类型。

全球约有十分之一的人口使用爱斯基摩类型亲属关系称谓，其特点就是突出以核心家庭为主的亲属关系。

第四种：易洛魁类型——"血缘和姻亲不一样"。

易洛魁是北美原住民部落之一。该类型区分父母辈的异性和同性兄弟姐妹，同性的被归类为血缘关系，异性的被认为是姻亲关系。

通俗地说，母亲的姐妹都叫"妈"，父亲的兄弟都叫"爸"，而母亲的兄弟叫"叔"，父亲的姐妹则叫"姨"。叫"妈"的生的孩子都叫"兄弟"或"姐妹"，叫"爸"的生的孩子也这么叫。这与中国一些独生子女常常将自己的堂/表兄妹称为兄妹有些相似。

这种类型的群体，鼓励表兄妹之间结婚，所以称之为姻亲关系；禁止"兄弟"或"姐妹"之间通婚。也就是说，你可以和舅舅或姑姑的女儿/儿子结婚，但不能和伯父与姨妈的女儿/儿子结婚。

第五种：克罗类型——"姑姑她女儿也叫姑姑"。

克罗类型来自于克罗部落（crow nation），也是美国原住民部落之一。

这种类型的亲属称谓与易洛魁类型类似，但进一步区分了母方和父方亲戚的称谓。来自母亲一方的亲属，有更多的描述性称谓，父亲一方的亲属则有更多的分类性称谓。

除此之外，他们对属于父方的女性亲戚有个统称，忽略了代际差异。因此，姑姑和姑姑的女儿都叫姑姑，姑姑的儿子也叫爸爸。

第六种：奥马哈类型——"舅舅的儿子还叫舅舅"。

奥马哈类型基本上和克罗类型差不多，不同的就是，在奥马哈类型中，母亲一方的亲属有更多的分类性称谓，父亲一方的亲属有更多的描述性称谓。因此，舅舅和外甥用同一个称谓。

克罗类型和奥马哈类型正好相反，前者强调的是母系亲属，后者强调的是父系亲属。

以上六种是摩尔根提出的亲属称谓分类模型。尽管摩尔根以此研究为依据而最终落入了社会达尔文主义的圈套，但他的研究方法在人类学研究中，无疑具有开创性的地位。

回顾以上六种亲属称谓类型，实际上并没有一项可以在人类社会中找到完完全全匹配的。称谓系统也是不断地在社会演变中进行变化的，因此也必须纳入历史研究的范畴。

例如，早先的拉丁语世界和盎格鲁-撒克逊文化中，使用的是苏丹类型，到了后来简化成了爱斯基摩类型。

而中国的亲属称谓，先从简单的爱斯基摩类型走向了苏丹类型，到现在我们渐渐地发展成易洛魁类型和苏丹类型的混合型。

总结起来就是，称呼的变化处于不断变化之中，对亲戚称谓划分不同类型有助于研究，但不能就此得出孰优孰劣的结论。

推荐阅读：路易斯·亨利·摩尔根著《古代社会》

以后将没有七大姑八大姨了？

很多20世纪80年代以后出生的中国独生子女，说起自己的表哥堂哥、表姐堂姐时，通常都以"哥哥"或"姐姐"相称，这容易给人造成误会，以为他们是同胞的兄弟姐妹。

这样的称呼倒也反映了中国传统的亲戚称谓的变化。尤其是一到春节前后，网络上就会有不少介绍回家过年如何认亲戚的文章。

我们先从遗传与基因的角度来看自己与亲属之间的遗传相似度，然后再给亲戚关系建模，最后再看看中国的亲属称谓是不是在简化，以及为何如此。

亲缘关系指数

以现代遗传学的观点来看，我们可以绘制出下面这样的亲缘关系指数。

除了自己与自己及同卵双胞胎之间的亲缘关系指数相似

度为100%，其他的都小于这个数值。这是遗传图中最中心的一圈。

我们继承了父母各1/2的基因，我们与他们的相似程度就是1/2；我们的兄弟姐妹也同样继承了父母各1/2的基因，他们与我们的相似度也是1/2。同样，我们的子女继承我们1/2的基因。也就是说，在这个1/2相似度的亲属中，有我们的父母、兄弟姐妹和子女。所以，这是离我们最近的血亲。

再往圈外，是与我们拥有1/4相似度的亲属，这个圈子包括我们父母的各自父母，即我们的爷爷奶奶和外公外婆。还有我们的孙子孙女和外孙外孙女，以及我们的叔叔、伯伯、姑姑、阿姨、舅舅，以及外甥、外甥女、侄子、侄女。

与我们有1/8相似度的亲属，就离我们更远，这些亲属包括曾祖父母和曾孙辈，表/堂兄弟姐妹（姨表与姑表，以及叔伯的儿女），等等。

1/8之外的亲戚，就是俗话说的"八竿子打不着的亲戚"。

理想型的亲戚叫法

有了遗传学关于亲缘关系指数的研究，我们可以依此建立一个模型，仿照马克斯·韦伯的说法，可以称之为"理想型的亲戚称谓"。

关于模型建立的原则，我们可以使用人类学家摩尔根提出的两个规律：男女有别与世代不同。

与我们相似度为1的，自不必说，英语以ego表示，中文就是"我"。

同卵双胞胎，是除了自己之外，与我们相似度为1的另一种关系。此处应该有一个专有名词来表示这种关系，汉语里双生男孩之间，不妨称之为"孖"（zī），双生女孩之间用妠（nuán）。男女龙凤双生之间，汉语好像没有专词形容。

英语里用identical twins称呼同卵双生，可以简称为itwins。两人之间的称呼倒是可以参照上面汉语的发音。

因为这种概率非常小，人类社会中，几乎很少（当然也有，以后我们介绍）专门去创造一个词来表示这种关系。

其次，就是与我们相似度为1/2的人，根据男女有别、世代不同的原则，父母、兄弟姐妹这种称呼就已足够。

与我们相似度为1/4的人中，祖父辈和孙子辈，各使用一个名称就行，祖父母可以包括爷爷奶奶、外公外婆，孙子就是孙子孙女、外孙外孙女。父母的兄弟统称叔舅，父母的姐妹统称姨姑。

而相似度为1/8的亲戚，上面的就叫曾祖父母，下面的就叫曾孙，同辈的叫"老表"就行了。

有一个例子，神圣罗马帝国皇帝马克西米利安一世喜欢"双重婚姻"，将西班牙的疯女胡安娜与自己的儿子费利佩联姻，将胡安娜的女儿玛格丽特嫁给胡安娜的哥哥，那么胡安娜与费利佩的儿子，应该叫玛格丽特什么？在"苏丹类型"中，应该叫姑姑呢还是叫舅妈呢？而在爱斯基摩类型中，都叫aunt就好了。

以遗传为基础的"理想型的亲戚称谓模型"中，我们对比摩尔根划分的六种基本亲属称谓类型就可以发现，爱斯基摩类型最接近这个理想型，也成为全球1/10人口所使用的类型，与印欧语系的使用人群有较大的重合度。

以英语为例，亲缘关系小于1/2的，都一律给予简称。

只有1/4相似度的，无论是父母哪方的兄弟姐妹，女的一律称为aunt，男的一律称为uncle。外祖父母，无论是父母哪一方的，也一律称为grandpa或grandma。对于孙子辈的，无论儿女谁生的，也都是一个称呼。

再往外圈来看，和我们只有1/8相似度的亲属，姑表姨表什么的，全部都是表兄妹，用cousin。

当然，爱斯基摩类型接近遗传学所建构的理想型，并不代表着采用这种类型的国家或地区的社会发展水平处于领先地位或是采用其他类型的国家或地区还处于原始发展阶段。

中国人将不再区分七大姑八大姨了吗？

如前文所述，中国的亲戚称谓系统，正在渐渐地从原来的复杂的苏丹类型向爱斯基摩类型过渡，但却保留了一些传统的特色。

例如，我们对于与自己年龄相仿的同事朋友，便直呼其名，将年龄偏大的称为阿姨或叔叔，不再区分是否与父母在年纪上存在差异。

为何会出现这种变化？

我们先从中国近几十年的变化来寻找原因，然后再比较欧洲，看看他们的称谓系统为何从复杂的苏丹类型简化成当今的爱斯基摩类型。

与传统社会相比，中国在改革开放后的40年的变化可谓是大转变，以下几种社会结构的变化，与亲属称谓的变化都有很大的关系。

1. 城市化与核心家庭

在以农业为主体的传统社会中，即便是在城市定居的人，也会在乡下置业，或是在城市里居住在大的院子里。乡村通常也是通过氏族聚集成为村落，一村之中，以一个（或几个）姓氏的族人为核心。例如《白鹿原》中的鹿家与白家。

居住空间在平面上展开，生活方式也以大家庭为主，伦理观念更是提倡"四世同堂"。

经过40年的经济发展，中国城市化进程加快，更多人离开农村，城市房价高涨，使得原本以平面展开的居住空间不可能继续，而在城市的天际线往高处延伸的同时，原本"四世同堂"的理念，在城市不足100平方米的狭小空间里已经无法维系。

2. 伦理价值观念的转变

经过20世纪初期的新文化运动和后来的"破四旧"，几乎坚不可摧的传统伦理价值体系被打破，个人价值观念日益得到重视，尤其是在追求经济发展的当下，尊卑有别的伦理秩序让位给了以经济成就衡量个人价值的秩序。

世代之间价值观念的差异，让子女与父母辈之间的代沟越来越深。例如，在养育孩子方面，网络上经常出现调侃性质或控诉性质的代际对比，如"妈妈带"与"奶奶带"等。

3. 女性地位的提升

在传统亲属关系中，母系与父系的亲属区分，地位是不对等的。而在父系亲属关系中，女性亲戚的地位相对要低。这与传统的父系社会有很大关系。然而，自独生子女政策实施以来，女性地位得到提升，这在一定意义上改变了原本重男轻女的亲属称谓系统。

居住空间和伦理观念的变化，以及女性地位的提升等，都导致了"核心家庭"（指以婚姻为基础，父母与未婚子女共同居住和生活的家庭）代替了原本的"大家庭"。反映在亲属称谓关系上，就是从苏丹类型向爱斯基摩类型转变，也就是说直系亲属相较于旁系亲属越来越重要，在直系亲属中更多使用描述性的称呼，而在旁系亲属中更多使用分类性的称呼，也不再区分母方和父方的亲属称谓。表现出来就是，爷爷奶奶与外公外婆的地位趋于等同，独生子女政策也让堂/表兄弟姐妹之间的地位趋同。

总结一下就是：中国的亲属称谓系统在逐渐简化，纠结于七大姑八大姨的我们，不久的将来就可以将其统称为"阿姨"了。

愚蠢的智人：不要让『常识』欺骗了你

第四章

永恒的基因与科技的『奴隶』

大数据推荐机制错在哪里？

以前很喜欢的一个手机新闻类客户端，不知道从什么时候开始，根据我阅读过的文章，向我推送相关的新闻。从此，我开始讨厌起这个客户端来，感觉它不仅窥探了我的喜好，更剥夺了我漫无目的地浏览、只想知道最近热门话题的权利。

于是，我就将这个客户端卸载了。没有了它，我发现并没有错过任何重大新闻。无论是和人聊天，还是刷一下微博，或是看看微信朋友圈，我都能知道时事热点。

后来我发现，社交类的客户端基本没用。微博上面充斥着娱乐圈的八卦和网络上的搞笑段子，没什么值得看的，所以干脆也卸载了。接下来是朋友圈，无非就是各路好友晒旅游、晒美食、晒心情，还有很多寂寞的人发着日常生活的琐事在求关注……只是碍于朋友多用微信来联系，所以也只能勉强保留下来，只把它当作通信工具，而不是资讯获取渠道。

不看新闻，并不代表什么也没有发生。但真正的大事发生了，你也不可能不知道，通过各种渠道，你都可以了解到重大新闻。新闻电台、门户媒体，各种客户端都会不遗余力地向你传送着"大事件"，仿佛世界上真有那么多值得关注的事情在发生着。实际上，这些不过是噪声而已，反而遮蔽了真正值得关注的事情。

即便是你不主动打开，各种客户端、邮箱软件给你推送消息，逼着你去阅读。谷歌浏览器也会推荐些它认为你感兴趣的信息，后来我干脆也关闭了推荐功能，因为推荐的东西真的没什么值得阅读的。

现在流行"碎片知识"的说法，我不同意这一点。这样学到的东西永远还是碎片，除非你自己有将碎片拼凑成书、将珠子串成项链的本事，否则碎片化的知识就只是碎片化的垃圾信息，仅是噪声而已。

在新媒体时代，我们日渐放弃实际生活中的人际交往，沉迷于朋友圈美化出来的假象。原本可以与朋友聚会或散步出游，结果却变成了各自在朋友圈点赞留言和一声声虚假的问候。

各种客户端和新闻媒体，为我们营造的假象就是：你不看、不关心、不参与、不评论，世界恐怕就要不太平了，要出大事了，你怎么能够闭门读书，不理世事？

正如纳西姆·尼古拉斯塔勒布在《反脆弱：从不确定性中获益》一书中所说，未来取决于过去。知识如此，信息也是如此。存在了1000年的思想，可以推断1000年后，还会被人继续阅读。而只存活了10年的信息，估计也只有10年的有效期。

更不要说那些火爆了10分钟的信息和新闻，在下一个10分钟之后，必定消亡。

因此，微博、新闻客户端或是朋友圈，你一年不刷、不看、不阅读它们，根本不会损失什么。如果需要了解些时事，不妨看看周刊或者月刊之类沉淀下来的内容。

另一个热门的资讯类客户端，以其大数据推荐机制而闻名。按照"你关心的才是头条新闻"这一准则，给你推荐它认为你感兴趣的话题。而你感兴趣的话题是通过记录你的浏览记录、收藏文章、单篇文章阅读时间（或跳出时间）、好友之间的互动等个性化的信息，进行推荐和分发的。

这种按照大数据推荐资讯的方式被互联网企业普遍采用，有的按照你查询过的地点来推荐酒店，有的根据你输入的内容来推荐广告……总之，它们会拿到你个人存储在浏览器或手机中的隐私资料，然后向你兜售它们的内容。

我原本喜欢随意看看新闻，在新的推荐机制下变成了根据我的历史浏览（行为习惯）推荐内容。这件事之所以可怕，就在于它将我爱好的多面性给抹杀了。例如，我读历史的东西多，它就推荐很多历史相关的内容，但关注历史并不表示我对娱乐新闻不感兴趣。虽然我真的很少关注娱乐新闻，连明星的脸都分不清楚，但偶尔看看某人的逸事，也可以将其作为获取信息用以思考的素材和与人聊天的谈资。

某书评类网站现在也采取了这样的方式，我搜过一本书，只是想知道我有没有看过，或者只想了解一下这个作者的信息，或者仅仅是查一下资料，但它就开始推荐与该书相关的评论和新闻给我。我真的很不喜欢这样，搞得它好像很懂我似的，但实际上它什么也不懂。

这种推荐机制的前提，或者其假设在于：人只关心与自己相关的信息，人只是被自己喜好控制的动物。这样的假设会造成人越来越沉浸于自己喜欢的事情上，越发加深对自己固有观念的确信，从而陷入思维定式，很难去拓宽自己的知识面，这样人只会变得越来越片面。

现在的电影、电视剧都不再塑造完美、高大上的英雄形象，而是塑造一些有缺点的人，或是原本平凡如你我但最后成为英雄的人。这个转变源自我们每个人的不完美性，既有自私的一面，也有高尚的时候。蝇营狗苟的人，在某个特殊时刻，也可能散发出让人景仰的光辉。

我们的人性中，有道德的一面，也有不道德的一面。有在朋友面前慷慨解囊的时刻，也有在陌生人面前吝啬无比的时候。会在孩子面前一脸严肃正义，也会在上司面前点头哈腰。程序员也会喜欢诗歌，艺术创作者也有对科学着迷的时候。一名哲学教授可能会阅读一下社会新闻，看一看讲述情杀或弃婴的故事里人性的堕落，虽然他更多时候关注的是道德研究的进展。

但大数据推荐机制不会考虑这些，它认定只要你点击了、你阅读了、你评论了或是你点赞了，就表示你关注这些、你喜欢这些、你想更进一步了解这些。程序不会在乎人性的多面性，不会在乎你有不同层次的需求，更不会在乎你饿的时候会比平时高估自己的食量。

程序默认人性和知识都具有单一性或单向性，目前大学学科设置一定程度上也存在这样的问题。在很多领域，做出成绩的，往往都是那些能跨学科综合思考的人。例如，读经济学，如果你只学会了用书本上教你的思想来思考，而丝毫不关注社会学是如何研究的，心理学又是如何看待的，就只会让这个学科越走越窄。

正如塔勒布在《黑天鹅》一书中所批判的那样，那些从商学院或MBA毕业的数百万学生，使用着理想的高斯曲线（钟形曲线，即正态分布），而对现实世界的偏差置之不理，面对突发的金融危机，却声称这是万年不遇。

2017年的诺贝尔经济学奖获得者是理查德·塞勒，2002年的获得者是丹尼尔·卡尼曼，这些都是对经济学假设前提（理性人）进行批判的心理学家，他们是跨界思考者，不会拘泥于经济学传统的假设。他们认为，人不会永远是个理性人，更多时候是在非理性情况下做决策。

回到大数据智能推荐机制的话题，其一开始的假设就错了，这些软件架构师如同沉迷于经济学假设的人一样，对人性视而不见，他们认为用户永远只有一种人性、一种喜好，只看一类文章，然后根据用户的口味"投食"。

然而实际上可能是，一则社会新闻，如情杀事件，我出于好奇打开之后，并不代表我对所有情杀、出轨等问题感兴趣。

我观看了某报纸的一则报道，或许只是想看看它是怎么错的，并不代表我同意它的观点。

大数据的智能推荐机制却不理解这些，它会频繁推荐给你相关内容。的确，也有标签可以标示自己并不喜欢，如一篇文章、一个话题、某个人物或是某个内容来源，从而让客户端减少相关的推荐，但这仍然是治标不治本。

每次在标示的时候，我都在犹豫，万一我将某一新闻来源的内容全部屏蔽掉了，我会不会错过一些好的东西；或是某个人物的一条信息我表示不感兴趣，但他其他的内容却是我喜欢的；或者，还有我自己都不知道的爱好呢？

记得有人说过，所有发明，都是创造了一种需求，因为在这个发明出现之前，我们没有预料到自己还需要这种东西。而大数据的推荐机制恰恰违背了这一点，根本没有你不知道的需求，你想知道的，你都已经看到了。

我们担心的是，所有客户端或网站最后都变成这样，除非你变成工业革命初期捣毁机器的"卢德主义者"，排斥所有科技产品，或者像我一样卸载这些客户端，否则我们真有可能变成大数据时代的"奴隶"。

推荐阅读：纳西姆·尼古拉斯·塔勒布著《黑天鹅》

从一家熟食餐馆到科技公司的预测法则

英语里有这样的幽默对话：

　　顾客：服务员，我的汤里有只苍蝇。

　　服务员：没关系的，先生。它喝不了多少汤。

　　据说这则笑话来自纽约曼哈顿一家名叫林迪（Lindy's）的熟食店。这家熟食店创建于1921年，以芝士蛋糕最为有名，纽约不少名人都是这家店的常客。

　　像新闻界知名记者达蒙·鲁尼恩（Damon Runyon）就将该店写入自己的书中，其他人诸如纽约犹太黑帮头目阿诺德·罗斯汀（Arnold Rothstein）最喜欢林迪家的咖啡，喜剧演员米尔顿·伯利（Milton Berle）也经常光顾这里。

　　然而，该餐厅最火的其实并不是甜点与咖啡，而是任性的服务员。上述笑话，还有各种演绎版本，如：

顾客：服务员，我的汤里有只苍蝇。

服务员：对不起，先生。我不知道您是吃素的。

还有另一则是这么说的：

顾客：服务员，我的咖啡怎么尝起来像茶？

服务员：对不起，先生。我可能弄错了，给您上的是热巧克力。

据说，该餐厅还将这些批评服务员和食物的各种笑话（"神问答"），印在了自家餐厅的菜单上。

去林迪餐厅吃饭的不仅有纽约的报社记者和明星，也有学者和研究人士。一位名叫阿尔伯特·高曼（Albert Goldman）的学者也是林迪餐厅的常客，林迪餐厅在晚餐时候有喜剧演员表演，这位高曼先生在看了一些天后，突发灵感，写了一篇题为《林迪法则》"Lindy's law"的文章，发表在纽约的《新共和》杂志上。

文章大意是说，一个喜剧演员的生命力与其曝光程度呈反比。因为喜剧素材总是有限的，几个月后基本上没什么"新玩意"能拿出来了。最好的方式就是客串一下，或者当个嘉宾，这样演艺生涯才能具有持久性。

听起来似乎也蛮有道理，在这里给中国的喜剧演员提个建议，频繁地出来亮相和使用几句成名的"套话"，会让人厌烦。

分形几何的创始人本华·曼德博（Benoit Mandelbrot）则让林迪餐厅进入了严肃的科学研究领域。曼德博在其成名作

《大自然的分形几何学》一书中，使用数学方法提出了另一个版本的"林迪效应"（有些不同于高曼的"林迪法则"）。

于是，我特意找到了该书的英文版和中文版（中文翻译得不堪卒读），看看曼德博是怎么阐述林迪效应的。在中译版中，使用的是"林特效应"。

稍作解读，曼德博的意思就是：

> 对于会自然消亡的事物，生命每增加一天，其预期寿命就会缩短一些。而对于不会自然消亡的事物，生命每增加一天，则可能意味着更长的预期剩余寿命。

随后是塔勒布，他重新激活了曼德博的"林迪效应"一词。曼德博的《大自然的分形几何学》出版于1984年，2007年塔勒布在《黑天鹅》一书中，就使用"林迪效应"对预测和计划进行了批判：

> 假设一项计划预期在79天内完成。在第79天，假如计划还未完成，那么人们预测它还需要25天；但在第90天，假如计划还未完成，它还需要58天；在第100天还需要89天；在第119天还需要149天；在第600天，如果计划还未完成，你会预测它还需要1590天。如你所见，你等待的时间越长，你预期还要继续等待的时间就越长。

虽然书中没有提及"林迪效应"一词，但上述引文在塔勒布2012年出版的《反脆弱：从不确定性中获益》（以下引用皆出自该书）一书中，被进一步予以解释，并让人熟悉了"林迪效应"。

简单来说，对于有寿命的事物（会自然消亡的，例如人），新事物的预期寿命比老的要长；然而对于无寿命限制的事物（不会自然消亡的），存活的时间越长，其未来预期寿命也越长。有的呈指数分布，有的呈幂律分布。

塔勒布举例说，年轻的技术，常常毫无作为：

> 一项技术的历史越长，不但它的预期存活时间更长，而且对这一论点的肯定性也将更强。

很多人担心纸质书籍的消亡，如果以"林迪效应"来看，纸质书籍不但不会消失，而且其存在的时间会比电子书籍更长。

塔勒布的选书标准也以"林迪效应"为参考：

> 所以在选择读什么书时，我以林迪效应为指导：已经流传10年的书将再流传10年；流传了2000年的书籍还将流传更多时间，以此类推。

但我对此却有不同看法。我是那种看到软件更新提醒就一定会点的人，而另一些人，对于更新没什么兴趣。

不喜欢更新的人自有其道理，比如更新可能会让旧设备变慢，无法兼容或是出现其他问题。这点我可以理解，但我就是忍不了手机或电脑中有个红色的标记在那里。

思想如此，读书也是如此。有的人保守一些，喜欢读经典，对于时下的畅销书或者新知识没什么兴趣。而我则对最新的知识比较感兴趣，常常也会选一些好的畅销书翻一翻。

虽然"林迪效应"不失为一种选择好书的标准，但是却让人忽略掉很多最新的知识更新。

以心理学为例，如果按照过去20年或30年的标准来衡量，那么推荐阅读的书籍可能是弗洛伊德的精神分析或者是斯金纳的行为主义理论等方面的书籍。然而，心理学近30年的发展已经使其深入很多学科中，早已经超越了弗洛伊德和斯金纳的理论。

再以经济学为例，20世纪70年代以前，是供给主义、货币主义和新古典经济学等理论的统治时期，如果不了解20世纪70年代以来的理性预期学派、博弈论，以及新兴的行为经济学，就无法获知经济学的全貌。

再以生物学和神经学等学科来说，最近30年的发展可以算是突飞猛进，颠覆了很多传统的认知，这在30年前是不可想象的。还有医学，20世纪六七十年代，西方的医学还有很多不科学的因素存在，如果坚持"林迪效应"的标准，恐怕要出大错。

人文学科也是如此，例如历史学，其实尤其要多读一些新出版的书籍，过去出版的历史书，多少都带有一些时代的印迹，那时候的作者有些是贬低女性的，有些是有轻微种族主义倾向的，有些带有"冷战"时期的思维特征。

　　因此，历史书也要看当代人写的，这样，我们能够以当今的目光去重新理解和诠释历史。但越近的历史，我们往往看得越不清楚，所以写过去50年的历史，如二战后的历史或是别的"冷战"史，就很难做到客观和中立。

　　所以，以年代为限制的"林迪效应"在选择书籍上，还是有些不足。而"林迪效应"在对科技公司的预测上，或许有些可用之处。

　　互联网科技公司像一年生的草本植物一样"一岁一枯荣"，每年新出一批，然后倒闭一批。一家公司能够撑过一年，就预示着它可能再撑过一年，活了两年就意味着它还有可能再活两年。也就是说，一个新事物或一个新公司未来的寿命取决于它已经存在的寿命，塔勒布称之为"强韧性"。

　　看一些科幻片的时候，有些公司在未来场景里植入了广告，像是卖可乐的公司，在未来真有可能继续存在。而如果是一个卖手机或是卖mp3的厂商，若要强行植入广告就会显得特别突兀，因为它与我们的预期不符。想象一下，若是2002年的一部描述2018年的科幻片里，植入了诺基亚的广告，我们哪怕是三年后看这部电影，也会觉得是一个笑话。

　　如果对未来的预测要根据过去存在的时间来判断的话，那么对于互联网投资者来说，"林迪效应"也没什么用处。风险投资家需要判定哪家公司具有潜力，一家已经存活了三年的科技公司，所有人都知道了其价值所在。

所以，风险投资家判定是否可以投资一家公司，所依据的并不是"林迪效应"，而是概率。将100万的资本平均分配给10家企业，哪怕只有一家成功了，其收益也会超过其他所有投资失败企业的成本。

虽然林迪餐厅在知识界获得了一席之地，然而在现实世界中，却几经转手与关张，最后于1979年重新开店。但味道早已经不是以前的模样，反而是林迪餐厅的故事，恰恰作为一个反面的例子证伪了"林迪效应"：开了将近半个世纪，却没能继续再开百年。

推荐阅读：纳西姆・尼古拉斯・塔勒布著《反脆弱：从不确定性中获益》

为什么有缺陷的产品设计那么多？

买了个锅，就是炒菜的那种。之前买的锅把断了，没有焊铁工具，索性就扔了。现在买的还是同一款，价格不贵。结账前，售货员再三叮咛："这个锅呢，要使用中小火，保持在锅底的内圈里，不要用太硬的刷子清洗，否则表面的镀层容易脱落……"

我实在不想听他继续废话下去，就说："我坏了再买一个得了，一年一个锅，平均一天也不到1毛钱。"出门就寻思着，我买个锅是为了炒菜，难道还天天伺候它不成？回到家，就把长长的说明书给丢到了垃圾筐。

之前买的案板也是，长长的说明书中，记载了各种注意事项，反正和那锅的说明书一样，总结成一句话就是：不按照说明书使用，坏了我们不负责。

本来一口锅或一个案板，要满足其日常的使用，在设计之初就需要考虑到可能不当的使用情况。如锅的设计，要考虑到炒菜时的火候、清洗的便利程度，以及镀层是否耐用等。

如果要消费者去迁就一个产品，那这个产品的设计可能就存在问题。一座大桥的设计，需要考虑到承受超过5倍甚至更多的负载量，如果你让开车的人来考虑自己不能负载过多，比如每辆轿车载人不超过4个，每辆货车载重不超过5吨，然后再限制车辆在桥上的通过时间……试问，这样的桥梁设计你能说它实用吗？

当然，从商家的角度来考虑，一项产品设计得越耐用，产品更新换代不就越慢嘛。你看，诺基亚不就失去市场了吗？就是因为它设计得太耐用。目前，持有这种经营思路的公司不在少数。但从另一个角度想，消费者认为你的产品越不耐用，越容易坏，就越对你的产品没有信心，因此你丢失的市场可能更大。

的确，我们已经过了物资短缺时代，没有人把衣服穿破了再扔的，也很少有人把手机用到坏了再换新的。就算锅把没坏，我也打算换新的了。

在富足的时代，我们的消费观念不再是追求耐用而是追求时尚，这也给了厂商足够多的借口和理由，但是他们不明说，而是要你遵循一个"产品说明书"的逻辑，凡在这个使用守则范围内的，他们才管保修，除此之外他们一概免责。

看穿了这种流氓思路之后，你就要谨慎了。特别是在选择产品的时候，是询问售货员也好，看产品说明书也罢，凡是给你太多无理要求、产品使用说明书一长串的，大都是不经用的。

当然，没有说明书的也大都不是好货。我在宜家花十几欧元买了一口锅，使用之后味道刺鼻，于是果断扔掉。十几欧元的锅，我也没指望它能好到哪里去，而既然产品定位在中高端，就请别给我找麻烦。

我的意思不是说一项产品设计要完美到能终身使用的程度，而是想对厂商说，如果产品不合格，请重新设计，而不是让消费者接受你的这种设计缺陷。

如此简单的道理，为何设计师不明白？网友们吐槽过各式各样的设计缺陷，有盲道中间加一道栏杆的，也有门把手挡住了钥匙孔的，还有电器指示灯模糊不清的，还有把手机耳机插孔和充电口设计在一处的，不一而足。

专业分工让每个人都有所长，设计师负责设计，产品制造商负责制造，这样能够提高效率，本来挺好的一件事，但专业分工也让设计产品的人与产品使用相脱离，于是就出现了问题。

著名心理学家史蒂芬·平克（Steven Pinker）在《风格感觉：21世纪写作指南》一书中，把这个问题称为"知识的诅咒"。它指的是，知识拥有者以为自己所掌握的知识别人也能够轻而易举地理解，特别是业内人士的行话，从而不对普通人进行必要的解释。

"知识的诅咒"最常见的表现就是学者写科普书籍，或是写时事评论时用了太多的缩写和专业词语，搞得大众读者不知所云。在产品设计上，设计者也容易遭遇"知识的诅咒"，以为自己设计的产品使用起来简单便捷，但对普通使用者来说并非如此。

平克举了个闹钟的例子，这款闹钟设置的时候操作十分复杂，有时候需要按住一秒、两秒或四秒，有时候需要两个键同时按下，最终平克找到说明书之后才明白如何操作。于是他评论道：

> ……我敢肯定，对于设计它的工程师来说，这一切都十分清楚。
>
> 把这种日常生活中的沮丧乘以数十亿倍，你就会知道知识的诅咒同腐败、疾病、熵一样，拖累了人类的进步。那些收费昂贵的专业精英，如律师、会计师、电脑高手、服务热线接线员，每年吸走大量金钱，就是为了澄清那些糟糕的文字。

平克在书中说的主要还是写作问题，在产品设计上的道理也是如此。有些公司会拿出两套设计方案，进行A/B测试，哪个版本的效果好就推广哪款产品。要想节省A/B方案的测试成本，工程师或设计师，请在产品上市前，先用最简单的语言让自己的家人或身边的普通人明白如何操作，这样就能够让使用它的普通大众节省下来不少时间。

有这样一项实验，就是询问熟练的手机用户，如果让他们去教没使用过手机的新手，估计需要多少时间能教会。这些熟练的用户认为只需要13分钟就可以教会一个新手，然而实际上需要32分钟，是他们猜测的两倍有余。

我也有这样的体验，常年在外，父母有时候想看看我，于是就给他们手机开通了网络并申请了微信号，但请朋友教、找熟人帮忙、自己打电话指示，最后花了好几天的时间才让父母学会了如何视频聊天。

上了大学之后，发现大学的生活与高中时对大学的期望完全不同，工作之后的实际情况又与大学时候的想象有所不同，正如平克所说："你对一样东西知道得越多，就越容易忘记它当初学起来有多难。"

设计产品的工程师和设计师，花了大量的时间学习相关领域的知识，自然是比普通人懂得多，他们通过自己掌握的知识创作、设计出一款产品，当然觉得简单。就像爱因斯坦非常清楚狭义相对论说的是什么，但要教小学生理解却非常困难，需要教授者有深入浅出的能力。

电子产品设计得越来越复杂，功能也越来越多，现在又在大胆地向"万物互联"迈进，如何设计出一款简单易用、普通人容易上手的产品，而不是用产品来考验消费者的智商和能力，这才是设计者和工程师应该认真思考的问题。

推荐阅读：史蒂芬·平克著《风格感觉：21世纪写作指南》

"不朽的基因"与人类三大定律

在看动画片《飞出个未来》或是其他类似《太空旅客》这样的科幻作品时，我一直都有一些不解。假设我们人类设计一款冷冻箱或睡眠器，用来保存我们的身体，那这个负责保存的公司，或是太空船、机器人，遭遇到变故怎么办？

这个问题一闪而过，我没有继续思考。前段时间正好在阅读积极心理学创始人马丁·塞利格曼的著作，他早年因提出"习得性无助"的概念而知名，后来他转换了这种研究思路，发现人可以改变这种无助状态，通过训练一种积极的解释风格，就能从悲观绝望中走出来，这就是提供给普通人的积极心理学。

最近又读到了贾雷德·戴蒙德的《第三种黑猩猩：人类的身世与未来》和《性趣探秘：人类性的进化》两本书，我被演化生物学所吸引，并试图用演化生物学的理论去解释一些人类现象，还写了不少科普文章。

于是我尝试从演化生物学的角度来理解塞利格曼的"习得性无助"。如果人类遗传和演化的目的在于繁衍，乐观的人无疑更有益于生存繁衍，那么，为何在塞利格曼的实验中，那么多人和动物均出现了"习得性无助"呢？

然后我进一步思考，把塞利格曼放到认知心理学双系统理论的框架中会怎样？而双系统理论的快速反应系统1和慢速反应系统2从演化的角度又如何去理解？

例如，在人类进化过程中，面对一头狮子，可能不需要系统2的左思右顾，系统1的快速反应才是正确的，这也让人类将这些基因遗传下来。而系统2保存的是人类进化过程中习得的经验，并通过人类的后天教育学习进一步继承下去，而不是如系统1那样通过基因继承。

然而，我还是没有理解"习得性无助"的演化生物学意义。当我试图让演化生物学为心理学提供基础时，我遇到了知识上的瓶颈，那时候我既不熟悉认知心理学，也不熟知演化生物学，所以只能继续读书。

但有一种能力，使得我们和黑猩猩不同，那就是我们会使用搜索工具去学习。果然，我发现了一门将演化生物学和心理学结合的新学科，这个学科已经发展得蔚然壮观，而我虽多次接触却每次都失之交臂。

就拿理查德·道金斯的《自私的基因》一书来说，我在多处看到有人提过这本书的伟大之处。但看标题，我一直以为这本书讲的不过是人生而自私，并为自私找寻一个生物学的解释。

我先阅读了《机器人叛乱：在达尔文时代找到意义》，作者基思·斯坦诺维奇（Keith Stanovich）对道金斯给予了极高的评价。然后，我才去认真翻看道金斯的《自私的基因》，方知这本书与我当初认为的大相径庭，而道金斯也在书中批评了我的这种先入为主的观念：

> 许多批评家——特别是那些哗众取宠的批评家（我发现他们一般都有哲学背景）——喜欢不读书而只读标题。

我感觉说的就是我，我正是他批评的那个有点哲学背景、只喜欢读标题的批评家，虽然我还不至于哗众取宠。

该书出版已经30多年了，自1976年英文首版，到1998年首次出中文翻译版，2012年再推出新版，而2017年我才读到（2018年推出增订版），想来和国际最新研究相差了近40年。

关于书名的问题，道金斯在三十周年纪念版的简介里也承认现在取名为"不朽的基因"或许才正确，这也是我用这个名称当作本文标题的初衷。

道金斯的观点或者其他演化生物学、演化心理学的基本观点，其实就是达尔文思想的延续，只是我们在接受达尔文进化论的同时，却拒绝接受达尔文在伦理道德、人文学科上带给我们的进一步的震撼意义。如斯坦诺维奇在《机器人叛乱：在达尔文时代找到意义》里说：

> 现代进化理论的寓意以及认知科学的进展，将

在21世纪导致许多传统概念的土崩瓦解，即使人们已跟这些概念共同生活了很多个世纪。

无论是演化生物学、演化心理学，还是认知科学，都逐渐接受了人类只是基因的载体这一观点。基因为了延续自己，让我们生与死，让我们繁衍与交配，然后通过交配，进一步复制自己，传衍下去。

再回到休眠舱和冷冻室的问题，这是道金斯和斯坦诺维奇等人一直所醉心的比喻。只是躺在休眠舱里的不是我们人类，而是基因，那个负责看守休眠舱的机器人，才是人类。

基因为了复制自己，设计了人类这个载体，载体可以更新换代，可以死亡，但是一定要保障基因在休眠舱里的安全。

科幻迷们都熟知艾萨克·阿西莫夫的"机器人三大定律"，有必要复述一下：

一、机器人不得伤害人类，或因不作为使人类受到伤害；

二、除非违背第一定律，机器人必须服从人类的命令；

三、除非违背第一及第二定律，机器人必须保护自己。

这个定律，可以看作人类为了守护处于休眠舱的自己，给看守我们的机器人设置的定律。那么，要是我们自己是那个看守的机器人，而基因是躺在休眠舱里的被守护者呢？

人类作为基因的载体和守护者，基因也可能为我们人类设置类似的三大定律。参照阿西莫夫的定律，基因设置的"人类（载体）三大定律"可以表述如下：

一、载体不得破坏基因复制，或因不作为使基因复制受到伤害；

二、除非违背第一定律，载体必须服从基因的命令；

三、除非违背第一及第二定律，载体必须保护自己。

认知心理学的结论是如此让人沉沦，难道我们这个守护基因的"机器人"注定要被当作一个玩偶，受制于基因为我们设置的定律吗？

在《机器人叛乱：在达尔文时代找到意义》里，斯坦诺维奇提出了解答这个问题的一种思路：我们可以拿起"武器"，反抗基因的独裁。问题是，当你是个"奴隶"的时候，你是否承认自己受到了压制呢？就像电影《被解救的姜戈》里由塞缪尔·杰克逊所饰演的那个黑人管家一样。

假设人类已经觉醒，斯坦诺维奇如是告诉我们，反抗"不朽的基因"的"武器"就是提升我们的认知能力，并分清哪些是基因的利益，哪些才是我们人类这个载体的利益。

例如，基因是为了让我们繁衍后代，才在我们身体里制造出了快感这种副产品。那么，避孕工具的发明，就会瞒天过海，骗过基因而让人类享受到纯粹的欢愉。

还有一个更为高尚的目标：由于基因的自私本性，它会倾向于让我们只维护自己的利益，而道德伦理的存在，则限制了"自私的基因"的扩张。在生活中，我们经常会遇到这样的人，凡事为自己考虑（实际上是为他自己的基因考虑），做一些损人利己的事情。正是因为我们"发明"了道德，大部分人才会讨厌这种只为自己考虑的人，才会阻止其"自私的基因"不断扩张，避免了整个社会到处都是这种自私的人。

弗洛伊德或许在当代心理学课堂上失去了一席之地，但他提出的"自我"与"本我"冲突理论，倒也称得上是真知灼见。如果本我是自私的基因，自我就是社会道德规范，本我（自私的基因）在不断为自己的利益奋斗，试图突破自我（利他的载体）的封锁，这是我们人类常常摇摆不定的原因。本我和自我的冲突，就是基因与人类载体的冲突。

在《机器人叛乱：在达尔文时代找到意义》的最后，斯坦诺维奇总结道：

> 当我们从事下列活动时，其实就是在创造意义：努力执行二阶评估；努力实现我们偏好层级中的理性整合；尝试实现我们不同一阶偏好的一致；对于我们生活中的符号意义表现出警觉；看重作为载体的我们具有的价值，而不是让自发式系统中的遗传倾向在一个变化中的技术环境里牺牲我们的利益。

所有这些活动都界定了人类的独特性：他们获得了对自己生活的控制权，以一种地球生命行为中的独特方式——理性的自我决定。

且不管上述引文中的难懂词语，靠理性的自我就真的能让我们摆脱基因的控制，成为一个自由的"载体"吗？能让我们在日常世界的感官享受中，在率性而为的生活里，在充满喜怒哀乐、悲欢离合的人生里，潇洒地走一回？

《黑客帝国》里，有位叫塞弗的人，他是尼奥领导的反抗矩阵组织的成员之一，最后却背叛了他们。他背叛的理由是，烦透了真实世界里糨糊状的食物和躲避追捕时的胆战心惊。因此他选择了背叛，回到虚拟世界里，尽情获得感官享受。

如果告诉人们，我们生活的现实不过是基因控制下的虚拟世界，我相信，大部分人也会跟塞弗一样选择背叛。虽然看清了我们被基因所操纵的事实，但仍不妨碍我们在生活中"难得糊涂"，毕竟这才是生活的真义。

推荐阅读：基思·斯坦诺维奇著《机器人叛乱：在达尔文时代找到意义》

第五章
你的身体欺骗了你

愚蠢的智人：不要让『常识』欺骗了你

万一，需要补充维生素呢？

市面上有各种维生素的广告宣传，电视上有伪营养学家的推荐，生活中有七大姑八大姨的强烈建议，以及朋友圈转发的各种缺乏维生素的失实文章……

多年以来，似乎我们都生活在维生素缺乏的阴影下，所以才让补充维生素的观念大行其道。网络上随意搜索一下"维生素C"，很容易就能找到关于补充维生素C是过犹不及，甚至会出现各种疾病的研究和科普文章，但这仍然止不住有人不断给你建议。

维生素C缺乏病，一度是折磨大航海时代的船员、海盗的疾病（当时称为"坏血病"）。直到1753年，苏格兰海军军医詹姆斯·林德发现此病与饮食中缺乏水果有关。从此之后，船员们开始在靠岸时多吃些水果，或是将橘子、柠檬榨汁喝，有时候索性将水果加入他们喜爱的朗姆酒里，随身带着。

除了长期在海洋上生存的人之外，一般情况下，我们基本上很少出现缺乏维生素C的情况。然而，奇怪的是，在1753年林德医生发现坏血病与水果有关的数百年之后，我们依然狂热地追捧维生素C。

在阅读知名思想家纳西姆·塔勒布所著的《随机漫步的傻瓜》一书时，我才终于抓到了这个大肆宣扬补充维生素C的罪魁祸首：莱纳斯·鲍林，1954年诺贝尔化学奖、1962年诺贝尔和平奖的获得者。

虽然在化学领域，鲍林贡献非凡，然而在40岁时得了一种肾病之后，鲍林就走向了"邪路"，开始大肆宣扬补充维生素的替代疗法，还提出了一个颇能迷惑人的术语——正分子医学（orthomolecular medicine），随后全力提倡"大剂量补充维生素疗法"（megavitamin therapy），以至于这在20世纪70年代的美国一度广为流行。

除了发表一些文章之外，鲍林还成立了医学研究所，甚至写了一本名叫《如何活得长寿并惬意》的书，来提倡补充维生素C。过度鼓吹营养品的药用价值，并提倡使用高剂量的维生素C来治疗疾病，给他诺贝尔化学奖得主的声誉带来了负面影响，也给更多普通人带来了更坏的影响。

在《随机漫步的傻瓜》一书中，塔勒布如此说道：

> 获得诺贝尔化学奖的鲍林，据说相信维生素C具有很好的医疗效果，本人每天大量服用。由于他的强力推荐，一般人便相信维生素C真的具有疗效。

许多医学研究无法证实鲍林的说法，但一般人对此却充耳不闻，他们宁可采信"诺贝尔奖得主"的证词，即使他没有资格讨论和医学有关的事情。

这样的谬误经过译介，在20世纪80年代初传入中国，经由"营养学家"的鼓吹，开始大肆泛滥，商家顺便炒作圈钱。于是一有流感来袭，各种富含维生素C的饮品和补品的销售量就直线上升。甚至到现在，网络上还有卖奶粉的商家在宣扬鲍林的"正分子医学"和"大剂量补充维生素疗法"。

正如塔勒布所说，不懂医学的普通人宁信我们这位"诺贝尔化学奖得主"的证词，也不愿相信医学在随后几十年的进步。科学界称之为"食物盲从现象"。从普洱茶到板蓝根，从豆腐到香蕉，还有遇到灾难就抢购食盐，这种现象的产生有的时候是基于名人效应，有的时候是因为商家的促销，更多时候是由于媒体和自媒体的造谣。

除了维生素C的作用被过分夸大之外，另一个我比较关心的话题是：一个谬误信息（谣言）的传播与一个纠正谬误的信息（辟谣）的传播相比，为何会出现如此的不对称？

拿维生素C来说，认为"需要补充维生素C"的信息能够迅速获得认同（被商家利用），且不容易被纠正，而有关维生素C的正确知识和观念却不容易被普遍接受。

再以产褥热为例，近代医学已经证明了产褥热是由于接生时候的细菌感染，但直到现在，在中国老一辈人的观念里，仍然认为坐月子的时候需要防风、不能洗澡等各种忌讳是必须遵从的。

坐月子的观念根深蒂固，比较难以改变，可能需要更多的科普宣传，甚至可能要在几代人之后才会有所改变。然而，补充维生素C这种晚近才传来的观念，应该比较容易改变，如果人们肯花时间阅读一些资料，做出一点推理和比较，不难得出正确结论。

还有一个很简单的例子：娱乐圈经常有各种绯闻或八卦，有的是捏造，有的是误传，我们往往只记得谣言，却忘记了后来辟谣的真相。这对当事人造成了很大的影响，甚至可能伴随其一生，而喜好娱乐八卦的我们却依旧拿谣言谈笑风生。

"好事不出门，坏事传千里"，这句俗语讲的正是这种不对称性。信息的公开虽说有益于真相的揭示，但并不能抵消好/坏事在人们心中的不对称性。所以古人尽量让"家事"不要流传出去，免得落下个坏名声后有口难辩。

从演化论的观点看，坏消息或失实信息常常是对我们的生存有益的，我们对危险反应过度总比不反应要好。在旷野里采集果实时，有人大喊"有老虎！"，你只能撒腿就跑，即便事后证实这样的信息是有误的，你也不敢拿生命去冒险。

正在觅食的猴子，听到同伴发出警告的声音后，没必要去判定信息的可靠性，只需要攀爬到更高的树枝上躲避天敌的袭击。那只发出"假警报"的猴子，则有很大的收获，它可能会独享猴群离去后剩余的果实。

但若下次有其他猴子见到老虎也发出了警报，却被这只带点小聪明的猴子认为是"假警报"，那么它丧生在虎口下的概率就更大，自然选择也很难让这只带有"狡诈基因"的猴子留下后代。这也是"烽火戏诸侯"的故事所要表达的寓意。

在人类历史中，每个时代都有发出假警报的"猴子"，什么"人心不古"啦，"世风日下"啦，或是"末日审判"啦，"西方的没落"啦……宣扬这种坏消息有警示作用，也能给发出假警报的人某些"独占水果"的奖励，例如获得名誉、阅读量破百万、关注度飙升，等等。

发出假警报的"猴子"可能会暂时得到些奖励，而那些一听到警报就跑的猴子，虽然可能会挨点饿，但倒是救了一条命。容易听信他人的人，也形成了一种思维定式："宁可信其有，不可信其无。"

在现实生活中，我们这样的想法就被商家和商家雇用的伪营养学家刻意利用。据调查，2016年美国膳食补充剂市场规模是272亿美元（约合人民币1807亿元），2017年中国膳食补充剂的规模则达到了1670亿元，已经非常接近美国的水平。在如此大规模的市场诱惑下，有多少商家愿意让消费者相信补充维生素和矿物质没有用处？

在铺天盖地的广告宣传和伪营养学家的强烈建议下，消费者确信维生素会给身体带来益处。即便是科学家的研究指出维生素C吃多了没什么用，但万一缺乏了呢？即使每天吃的各种食物已经能够为我们提供充足的维生素C，但万一不够呢？

即便有几百篇研究报告摆在眼前，但仍有人觉得，万一科学家错了呢？万一"营养学家"对了呢？为何伪营养学家不提供充足的证据（或提供不实和虚假的证据）来验证他们的说法，人们就愿意采信呢？证据并不是没有，只是大多数人懒得去找而已。

就是抱着这种"万一"的看法，很多偏方、替代疗法也被堂而皇之地列入"营养学家"提供的建议中，多吃橙子、多吃苹果，或者多补充维生素B，补钙、补铁、补锌……反正就是各种"补补补"，缺不缺不知道，但万一缺了呢？

日常食物里基本的维生素已经足够了，反而像鲍林所提倡的"大剂量补充维生素疗法"，已经被证实与心血管疾病、癌症等有关。

说到这里，不妨给家长们提一些建议：儿童基本不会出现维生素缺乏的情况，所以别逼着孩子吃不爱吃的胡萝卜、青菜了，爱吃肉就让他吃吧。还有，回家看老人的时候，手里也别提着各种营养品了，带点水果蔬菜倒是有点好处的。

最后，顺便说一下，早餐喝一杯橙汁对健康并没有多少用处，特别是在补充维生素方面。对了，还有柠檬水，以及其他各种宣称能补充维生素A、B、C、D的饮品……凡是宣扬需要补充维生素的文章，大都可以无视之。

推荐阅读：纳西姆·塔勒布著《随机漫步的傻瓜》

喝咖啡该不该加糖？

前段时间看国内某相亲节目，一位自美国归来的"海龟"在VCR（视频短片）里介绍自己时说，喜欢喝咖啡不加糖，并认为喝咖啡加糖的人非常土。

倒不是说在国外养成的这种喜欢喝咖啡的习惯不好，在欧洲的酒吧和咖啡馆里，最为常见的饮料就是咖啡，而一杯咖啡的价格非常便宜，一般情况下都低于一瓶矿泉水的价格。我平生喝的最贵的咖啡竟然是在上海，比摩纳哥王室景区旁边的咖啡馆也要贵出很多。

因此，我在国内喝咖啡的时候也比较少，反而是出国之后养成了一天喝2～4杯咖啡的习惯。这也是当地人生活的一种常态，在酒吧或咖啡馆里点一杯酒或咖啡，与三五好友坐上一会儿。因此，自咖啡引入欧洲之后，便形成了一种极具特色的文化。

巴黎塞纳河左岸的咖啡馆自启蒙运动以来就是文人墨客时

常聚会的地方。出国旅游的文青们，便把其当作一个景点，视为行程中必去的一个地方。然而，塞纳河已不复当年，四周的尿骚味盖过了咖啡的香味。

咖啡引入国内的时间很晚，所以，总有人对这种外来的新事物说三道四，带着"传教士"的姿态教国人怎么饮用。记得当年麦当劳（金拱门）、肯德基等刚进入国内的时候，也是如此。

早年在网络上，曾有人讨论某美式咖啡品牌在引入国内后的味道到底正不正宗。人们讨论的所有话题都事关自己，无非是要表明一下自己的某种身份、立场或是与众不同之处。在我看来，那些讨论咖啡味道正不正宗的人也是如此。

有段时间，一个关于某美式咖啡品牌致癌的谣言，以及澄清该谣言的谣言，足足让这家美国企业在复活节期间上演了一场被宣告死亡与起死回生的大戏，也让喜欢咖啡的人从紧张兮兮到大喘一口气，然后再受骗一次。普通人的心情简直可以用"七上八下"来形容。

关于食品致癌的问题，引起人们的关注倒是不稀奇。只是这次的受害者是一家连锁咖啡店，之前的受害者还有一串的外资企业，例如麦当劳的变种鸡翅。当然，臭豆腐致癌的问题也足以引起国人的关注，然而它毕竟是中国人最爱的食物之一，很多人不免觉得，你随便说，我随便吃。

所以，给外来饮食造个谣，当然比给传统饮食造谣更能够引起大众的关注。

咖啡自引入欧洲之后，就被一些传教士大肆批判。如今，咖啡已经成为欧美人日常生活的一部分，一天两三杯实属正常，要说有害，最担心的不是该不该喝咖啡，而是是否有一种可以治疗咖啡致病的药物。

那次造谣事件之所以能够引起如此大的关注，恐怕也是因为该咖啡品牌在国人眼里就是咖啡的代名词。反观国外，特别是欧洲，即便是真有其事，恐怕也引不起多大的关注，因为大家很少喝该品牌的咖啡。

咖啡有好坏，但作为一种外来饮品，国人在尚不熟悉的情况下，往往只认准某一个或某几个品牌。就像茶，我们熟悉各种毛尖、铁观音、碧螺春或者普洱等，而在外国人眼里，一律只分为红茶、绿茶和花茶。但至少，没人会只认准一家卖茶的茶楼。

很多国人来到欧洲，也养成了一个生活习惯，就是很少去连锁咖啡店喝咖啡，倒不是因为味道不好，而是味道太整齐划一。很多连锁咖啡门店一家接一家，不免让人有些担心，同一化的口味，让人的选择变得太过单一。

在国内，正是因为这家咖啡连锁店一家独大，才会让出国旅游的朋友们只认识它，才会让关于它的谣言引起如此大的反响，才会有人不厌其烦地讨论该品牌咖啡不同地区的口味差异。

海外华人把中餐带到国外，味道肯定与国内的不一样。麦当劳、肯德基在全球各地的味道也大不相同。为何要强调咖啡能够例外呢？而且，食物正不正宗与语言纯不纯粹都是因人而异的。

常见的例子就是意大利比萨，那些追求食物正统的人士，一定要去意大利吃所谓正宗的意大利比萨。然而，比萨上的西红柿并非本地所产，而是来自南美，奶酪来自欧洲北方游牧民族，面饼来自中东，那么问题来了：到底什么才是正宗的意大利比萨？西红柿传入之前的，还是使用奶酪之前的？

那些来欧洲旅游的朋友，即便是大街小巷都是咖啡店，也仍然只认准这家。看见其品牌标识就像见到亲人一般，直奔而去。我对这些朋友总是规劝再三：在欧洲，随便一个咖啡馆的咖啡也比这种美式饮料要好喝得多，而且也的确如此。

结果多数人还是根本不听。在国内，无论抱着什么样的心态，端着一杯某品牌咖啡仿佛成了身份与时尚的象征，至于咖啡本身好不好喝倒是其次。而在欧洲人看来，咖啡只是饮料而已，拿着个咖啡杯满大街走的，一准是游客。

美国人善于经营，无论其"公平贸易"的理念能否被国人理解，但只要是在美国流行的事物，在中国人看来就一定是时尚。

咖啡在国内备受追捧，以至于喝咖啡到底该不该加糖、加奶都成了一种文化现象。葛优在《非诚勿扰》里嘲笑了一下喝洋酒兑饮料的人，于是乎很多人现在也煞有介事地认为，兑饮料是种很蠢的行为。殊不知，国外不同酒兑不同饮料的鸡尾酒甚为常见。文章开头说的那位女海归就是这样的人，此人后来也被某位主持人揶揄过。

一种外来饮品在传入一个地区时，当地人开始总有两种反应。

一种是拒绝的态度，认为外来事物肯定不是好东西，要坚决抵制。记得小时候听村里人说，辣椒原本是"洋鬼子"用来毒害中国人的，结果中国人反而喜欢上了辣椒，"洋鬼子"的阴谋才没有得逞。后来我才知道，辣椒与土豆（洋芋）、西红柿（番茄）等都是从美洲传来的作物，土豆丝甚至成了中国家庭的一道家常菜，从没见有人反对吃的。

这是一段很有意思且值得推敲的民间故事。想必，辣椒、土豆等食物与咖啡或者别的外来食物一样，一开始总是受到抵制的，所以被叙述成一种"'洋鬼子'的阴谋"。而当食用辣椒、土豆等逐渐成为一种习惯（上瘾）之后，人们逐渐成为就开始接受了它们，然而原本排外的情感并没有消失，所以故事结果就变成了我们自己主动喜欢上了辣椒，从而破坏了"'洋鬼子'的阴谋"。

其实，不光中国人如此，世界各地的人对外来事物的接受都需要一个过程。戴维·考特莱特在《上瘾五百年：烟、酒、咖啡和鸦片的历史》（以下简称《上瘾五百年》）中就对人类瘾品文化史进行了研究。

美洲的烟草、古柯还有咖啡，经非洲至阿拉伯再经美洲传入欧洲之后，由于都具有致瘾性，遭到了当时的主流媒体和很多阶层的反对，并对其致瘾性表示担忧。这与辣椒最初传入中国的遭遇几乎相同。

第二种是对外来事物表现出一种非常欢迎的态度，并坚持以某种方式为特定的使用方式，前面提到的《非诚勿扰》里葛优饰演的秦奋和那位回国相亲的"海龟"就持这种态度。究其原因，主要是我们受欧美文化影响甚大，以至于"东施效颦"。

这里说的影响，仅限于来自欧美的文化，而不是所有外来的产品一定要坚持特定的使用方式。例如，最早的美洲印第安人是咀嚼烟草的，而不是点燃了再抽。如果一个人坚持原汁原味享受外来文化，不妨让他去学印第安人嚼烟而不是抽烟。

《上瘾五百年》中还解释了咖啡为什么受美国人青睐：茶叶是1776年美国建国前英国苛税与暴政的象征，而咖啡则是爱国饮料。实则是，美国与中北美洲种植咖啡的国家地理位置接近，饮用咖啡成本低。另外，在美国"西进运动"中，西部拓荒的赶牛人（牛仔）都爱喝又浓又烫的原味咖啡（俗称"美式清咖"），他们还认为咖啡里不需要加太多水。对苦味的执着，象征着一种西部牛仔的精神，所以美式咖啡不加糖也就成了一种文化象征。

需要再提一下的是，糖也是人类发现的食用历史最长的瘾品之一。无论是在古代中国还是古代欧洲，能够吃得起糖的人也算是富人了。美国人偏好不加糖的原因之一，据推测，也是美国本土并没有南美那么多甘蔗林，糖的价格很高，而不是不喜欢加糖。对于甜食，从蚂蚁到蝴蝶，再到黑猩猩，有哪种动物能不喜欢呢？要不然植物也没必要进化出甜味的果实，来吸引动物传播种子了。

所以，提出喝咖啡加不加糖的问题，并以此作为划分自己和"土鳖"的标准这一行为本身就很"土鳖"。咖啡加不加糖属于个人口味爱好，就像喝烈酒加不加冰或者加不加可乐一样。

推荐阅读：戴维·考特莱特著《上瘾五百年：烟、酒、咖啡和鸦片的历史》

"食不语，寝不言"的生理学原理

　　"食不语，寝不言"通常是大人在饭桌上让小孩子闭嘴的套话，然而大人们在吃饭的时候却是叽叽喳喳说个不停，还时不时约几个好友吃饭聚聚，为的也是聊天。也有一些伪营养学家把孔子的这句话解读为"消化系统需要在大脑统一指挥下，有条不紊地工作"，或者理解为安静吃饭能够"为胃肠减负，预防肠胃疾病"。

　　"食不语，寝不言"的真正生理学原理是什么？到底是为了消化还是有别的原因？在这里，我们用生理学和医学的观点看看这句话到底有没有道理。

　　"食不语，寝不言"出自《论语·乡党》，整段话如下：

　　　食不厌精，脍不厌细。食饐而餲，鱼馁而肉败，不食。色恶，不食；臭恶，不食。失饪，不食；不时，不食。割不正，不食；不得其酱，不食。肉虽多，不使胜食气。唯酒无量，不及乱。沽酒市脯，不食。不撤姜食，不多食。祭于公，不宿肉。祭肉不出三日，出三日，不食之矣。食不语，寝不言。虽疏食，菜羹，瓜祭，必齐如也。

翻译成现在的白话，我们一句句分析其中的有道理和没道理。

"食不厌精，脍不厌细"这句是说，吃的粮食要尽量精细，肉类不能太大块。这讲的是烹饪的方式，也就是告诉厨子："你这米都没有淘干净，吃进去满嘴都是沙子；你把肉切得这么大块，里面都没熟，叫人怎么吃！"

这句话成为中国饮食文化的一个精辟总结，正因为孔子的这句话，我们才能够光明正大、不厌其烦地在饮食方面发挥聪明才智。饮食的精细程度实际上和文明的发展程度有很大关系，譬如意大利餐与古罗马帝国的辉煌脱不了干系，而中世纪时法国的强盛也造就了法餐享誉世界，当然，奥斯曼帝国的强盛与土耳其料理的风靡也是齐头并进的。

因此，一般认为的世界三大或四大烹饪王国——中国、法国和土耳其，再加上意大利，在历史上总有那么一段时间，文明程度能够傲视群雄。这也是有道理的，没有平和稳定的政治环境，百姓吃得饱已经求之不得，哪还顾得上食物的精细程度呢。

此外，饮食文化的发展也与历史积淀有关。英国后来成为"日不落帝国"，其饮食文化却没能跟上，英国人民当前依旧吃着让全世界人吐槽的"炸鱼薯条"……

"食饐而餲，鱼馁而肉败，不食。色恶，不食；臭恶，不食。"这句说的是变了质、变了色和变了味的东西都不能吃，放到现在，这些都是常识，饭菜有味道、变了质当然不能吃了，吃了会拉肚子。

老一辈人，有的还会留下一些节俭的习惯，食物有味道或者有点变质，却舍不得扔掉，至今仍然如此。可想而知，在孔子所处的时代，一些吃不饱的人对于食物肯定是爱惜有加，无论其是否变味。

或许也正是因为这种节俭，我们才发明了臭豆腐这种发酵后仍不失美味的东西。其实，食物经过一定程度的腐烂可以发酵，使我们人体能够吸收。例如，游牧部落为了保存奶制品，就将其发酵成奶酪，而奶酪能够制成让那些乳糖不耐受的人可以消化的乳制品。所以，变质、变味的食物也不一定都不能吃。

"失饪，不食；不时，不食。割不正，不食；不得其酱，不食。"这句话说的是煮得不当的不吃，不是当季的也不吃。肉切不好的不吃，调料不对的也不吃。显然，孔子的口味还是挺挑剔的。土豆丝没炒熟，或者把整个西红柿煮了吃，这都叫作"失饪"。冬天吃西瓜、冰淇淋会有点凉，也是不好的。

孔子那时候当然没有反季节的蔬菜水果，所以要把桃子保存到冬天吃口感自然不好。即便是在当今，有些人也以"不合时令"为由，不吃反季节的蔬菜水果。要真是这样，恐怕冬天只能吃大白菜度日了。进口自另一个半球的瓜果蔬菜，当然也算是"不时"了。

至于肉有没有割正，放在现在只有吃牛排的时候有切肉方式的讲究。我猜孔子说的应该是肥瘦相间，而不是只吃肥肉或只吃瘦肉。当然，牛排蘸辣椒油吃好像也不太合适，所以是"不得其酱，不食"。

"肉虽多，不使胜食气。唯酒无量，不及乱。"这句话说的是肉多也不能吃过量，酒不限量但也别喝醉。在孔子所处的时代，肉制品是比较稀罕的，一般是王公贵族才有大量的肉吃，偶尔吃不完的时候分给下属们打打牙祭。

庶民一般只能在过年的时候吃上点肉，因此孔子告诫说，即便是在肉食丰富的时候，也别吃得太多，吃多了肚子撑。另一个原因在于这样太没吃相，不如分给亲戚朋友，等待下次你没得吃的时候，再问别人要点。

人类成为杂食动物，进化出有智慧的大脑，形成复杂的社会，也与我们吃肉有关，特别是吃煮熟的肉。我们的祖先在打猎的时候，不是每天都能有收获，往往也是靠一些运气。因此，一般在打到猎物之后，他们都会分给部落里的人。一来自己吃不完，也保存不住；二来是为了在自己没打到猎物的时候，能够从别人那里分到一点。

演化生物学家认为这是交换的雏形，也是群体内利他的演化途径。小孩子不喜欢吃蔬菜，只喜欢吃肉，也是我们在演化过程中内置在基因里的需求。丹尼尔·利伯曼在《人体的故事：进化、健康与疾病》中说：

吃羚羊排可获得的热量、必要的蛋白质和脂肪是等量胡萝卜的5倍。其他的动物器官，如肝脏、心脏、骨髓和脑也能提供重要的营养素，尤其是脂肪，还有盐、锌、铁及其他营养素。肉类是营养丰富的食物。

所以正是由于肉类的短缺，一旦有肉古人总会吃得肚皮浑圆，孔子才告诫说"肉虽多，不使胜食气"。

酒，是人类另一项独特的发明。除了个别文化会禁酒外，大部分的文化对于酒都有不同程度的痴迷。作为一类可成瘾的饮品，酒文化与人类渴望麻醉自己有关，其他类似可成瘾的还有咖啡、烟草等。

"沽酒市脯，不食"，说的是路边摊上的酒肉别吃。有人就认为，孔子这句话的意思实际上是提倡酒肉由官方专营，以前的制度是"酒酤在官"，同时禁止市场上买卖佐酒之物。

"不撤姜食，不多食"的意思是可以经常吃姜但别过量。有人解读为孔子喜好吃姜，顿顿都离不开。据了解，古人对姜的确情有独钟，中医养生方里更是充满了"上床萝卜，下床姜，不用医生开药方"或者"冬吃萝卜，夏吃姜"等俗语，很多药方里更是以姜为药材……在今天，女性生病时，不少人选择喝红糖姜水。

姜内所含的药用成分，是否被中医和养生专家夸大还不得而知。因此，这里不置可否。

"祭于公，不宿肉。祭肉不出三日，出三日，不食之矣"
两句，说的是参加国君祭祀典礼时分到的肉，第二天就别吃
了。祭祀用的肉，三天后也不要吃了。道理也同之前提到的一
样，只是肉类十分珍贵，让人更舍不得扔。由此可见，孔子
生活的时期大概还未发明腊肉的制作方法，所以只能丢弃不
食了。

末句"虽疏食菜羹，瓜祭，必齐如也"的意思是即便吃的
是粗茶淡饭蔬菜汤，也要拿出来恭敬地祭拜一下先人。这属于
礼仪方面的要求，我们不多做解释。

倒数第二句"食不语，寝不言"，表面上就是说吃饭睡觉
的时候都别说话。其实与什么营养吸收、胃部消化都无关，只
是源自一个简单的事实，那就是吃饭时说话容易噎着。

没学过生理学的人可能不明白，人类是唯一会噎着的动
物。这与我们进化出来的喉部结构有关。我们进化出超越动物
的语言能力，是因为我们独特的生物构造。但我们也为发声说
话付出了很大的代价，在《人体的故事：进化、健康与疾病》
一书中，利伯曼如此说道：

> 在所有其他的哺乳动物中，包括猿类，鼻子和
> 口腔后方的空间（咽部）都分为两个相分离的管道：
> 空气从内侧的管道通过，而食物和水从外侧的管道
> 通过。这种管中套管的构造是由会厌与软腭的接触
> 形成的，会厌是舌底部一块雨水槽状的软骨片，软

腭是将鼻部隔开的上颚的肉性延伸。在狗或黑猩猩的身体中，食物和空气是经由不同的途径通过咽喉的。但人类与其他任何哺乳动物都不同，人类的会厌太低，因此离接触到软腭还差几厘米。

正是这种喉部构造，让我们在吞咽比较大的东西说话时，容易噎着并可能因此窒息。这样我们就为"食不语"和"食不厌精，脍不厌细"都找到了生理学依据。

据美国相关调查数据，噎食在全美意外死亡原因中排在第四位，大约是机动车致死人数的1/10。

至于睡觉的时候不说话，好像根本就是一句废话，没见过说着话还能睡着的人，只有睡着了说梦话的人，但梦呓又岂是自己所能控制得了的事情呢？因此，"寝不言"只是为了和"食不语"对仗，和"七上八下""乱七八糟"之类的成语用的是一个手法。

但不让人睡觉前说话或者谈论还是有道理的，在此可以告诫一下大学生，夜谈会的话题不要总是围绕着女性和性，否则真的会影响睡眠。

孔子的这整段话更像一份食谱，教导我们食物在什么情况下可以食用，该食用什么。当代一些自以为是的营养学理论，奉孔子的这些观点为"养生之道"，则实在是谬之千里。

推荐阅读：丹尼尔·利伯曼著《人体的故事：进化、健康与疾病》

养生：办公室白领的自我安慰

《新周刊》上刊载过一篇文章《马拉松：中产阶级的广场舞》，文章对中国富人群体热衷参加全球各地马拉松赛事的现象进行了评论，认为这项被称为"中产阶级广场舞"的运动，蕴含着巨大的商机。

对于有闲、有钱的中产阶级来说，马拉松的确算是一项比较健康的运动方式。而对于没那么多钱，也没有那么多闲的白领一族来说，保持健康的方式就只有依靠养生了。

来自中医的养生观念，受到了各个阶层的追捧。生活中我们总会碰见一个人或一群人，见面就会不厌其烦地"推销"红枣、薏米，或水果泡茶等花样百出的养生食谱。去国外旅游的国人，即便是年纪轻轻，保温杯也是必备的行李之一，有时候还会自带烧水壶，问之才明白，他们觉得喝热水是一种重要的养生方式。

想运动，哪有空地？

在城市里生活的白领，工作已经很劳累，不像中产阶级那样有充足的时间去运动。

每天工作十来个小时的白领们，内心自然觉得自己应该去运动，在销售员或朋友的介绍下，终于办了健身卡，但最终结果却是，在兴致勃勃去了两三次之后，以没时间为借口，很少再去。可以说，这才是健身房的主要盈利方式。

没时间健身，或是嫌去健身房浪费钱，那么户外运动呢？欧美人热衷户外运动，爬山、徒步、滑雪、冲浪……这些都不需要奢华的装备，普通人只需要抽个周末，就能说去就去。

然而，户外运动和马拉松一样，俨然变成富人才玩的运动。最主要的原因还在于需要时间。可即便有时间，可以供人们户外运动的地方也都被开发成了旅游景点。到处人山人海，户外运动没了一丁点儿的乐趣。再加上近年来中国城市极速扩张，要想在城市周边1小时车程内找一个可以户外运动的地方，简直是痴人说梦。

或许不用去那么远，城市里有公园、有绿地，也可以跑跑步嘛。这样的提议显然是不懂中国国情的外国人的想法，殊不知国内城市公共绿化面积稀少，再加上空气质量堪忧，在城市里运动，那简直就是把自己变成"马路吸尘器"。而且城市公园早已经被跳广场舞和练太极拳的老年朋友占据，让白领们去这里运动，真是有些格格不入。

于是，白领们想出了一项既不需要运动，又经济适用，在办公室里就可以保持健康的方法——养生。既然保持健康的方法如此简单、如此便宜，谁还会花一大笔钱办健身卡在跑步机上出汗？谁还会大老远跑到城外的荒山野地徒步，或是在城市的街道上吸入PM2.5？

养生 ≈ 不要吃这个 + 要吃这个

但养生真的有那么玄乎，可以代替运动吗？随便看一份养生食谱，无非是五谷杂粮，加上蔬菜水果。但这些杂粮里除了含有大量的碳水化合物、微量的人体所需元素，其实与普通饮食也差不了多少。

中国的食品安全的确堪忧，不时就会爆出各种耸人听闻的食品安全事件。今天这个专家说不要吃那个，明天那个专家说应该多吃这个，专家们的意见简直五花八门，有时候真是惊叹于他们丰富的想象力。

中医"以形补形"的独特联想方式，获得了国人的普遍认可。没有人去认真检测，或长时间跟踪对比，了解吃这些养生食谱的人和普通人在身体上有什么变化。但有谁会在意呢？只要提到"《本草纲目》记载"，或是"《黄帝内经》有云"，就会有大批白领趋之若鹜。

中国上古神话中的神农氏被认为是医药的发明者和守护神，神农氏还有另一个头衔"五谷先帝"。一人独占农业与医药发明者的头衔是非常有意思的，因此有人说神农氏肯定先是个"吃货",然后才是医药的发明者。

在一些仍旧保留采集传统的社会里,每个有经验的采集者都能够分清周边的各种植物,这对他们来说无疑是性命攸关的大事,因为很多植物是有毒的。

从演化生物学的角度来看,植物与动物之间存在着制约与反制约的竞争,植物长刺或是具有毒性,是为了避免食草动物把它们吃掉,与此同时,食草动物也能演化出抵抗毒性的能力。

人类是杂食动物,所以肉也吃、植物也吃,来自动物的肉一般没什么毒性,最多也就是腐烂之后不能食用,而不少植物都具有毒性,有的毒性轻微,有的入口即亡。因此,如何分辨可食用的轻微有害的植物与毒性较强的植物,是采集时期的祖先们必须弄清楚的问题。

每个氏族部落里,都有一位像神农氏一样懂得分辨哪些植物可以食用的智者,他们或靠自己尝试获得经验,或通过学习先辈留存的记录掌握分辨之法。以草药为根基的中医,自然而然地就尊崇能够区别植物毒性的神农氏,并奉其为神和守护者。

明代博物学家李时珍,整理了流传下来的知识谱系,编撰了《本草纲目》。就对动植物的认识和分类来说,李时珍堪比现代生物学分类的奠基人林奈。李时珍对近代博物学的贡献毋庸置疑,但也不能将《本草纲目》神话成一部不能质疑和检验的神作。

李时珍只收录编目,并未对收录的各种植物、动物的药用价值进行检验，药物的药性和价值也多是来自其他药书的记载。自成书的16世纪至今，医学的发展可以说是翻天覆地，在各种动植物的DNA都能够测定的年代里，更需要对之进行科学检验。

因此，无论是《神农本草经》还是《本草纲目》，都可以看作食谱，而不只是一本药书，盲目信任只会误入歧途。

养生是一种宗教

《人类简史》的作者尤瓦尔·赫拉利对采集社会的人类生活充满了赞誉，认为他们的饮食结构最为均衡，他们吃各种水果、根茎和绿叶，因此也较少出现龋齿和其他健康问题。

现代的西方社会，就有人提倡一种叫作"石器时代饮食"的饮食方式，这种饮食方式提倡多吃蛋白质，少吃油脂，多吃水果和蔬菜，少摄入精制谷物和单糖。然而，石器时代距今有一百多万年，我们又经历了一万多年的农业时代，要改变回去又谈何容易？

话说回来，石器时代的祖先们非自然死亡的比例明显更高，他们每天要走上十余千米去寻找食物，现代人哪有这种闲工夫。进入农业社会后，人类更多依赖小麦、大米等谷物来提供能量，饮食失去了采集社会时期的多样性，所以才出现了各种农业时代的疾病。

拿农业时代人类的头骨和采集狩猎时期人类的头骨做对比，可以发现农业时代的人有更多的牙齿问题。到了工业社会之后，原本没有的疾病，如高血压、糖尿病，都成了危害现代人健康的罪魁祸首。

现代社会，注重饮食结构的平衡固然重要，但要把这种重视上升为狂热，只会误入歧途。因为无论饮食结构如何平衡，我们还是吃得太多，多过于我们能够消化的，所以这些脂肪就存储在体内，堆积在腹部、腰部。

养生其实是缺乏运动的人给自己寻找的安慰剂，而缺乏运动更是以加班为常态的中国白领的一种集体生活写照。记得在国内某个公司上班时，准点下班被认为是不敬业，没事干仍加班到晚上8点成为一种常态，而只有加班到10点以后的才算是"模范员工"。

我们大部分人早已经过了物资短缺时代，肥胖已经不再被认为是富裕的象征，运动、健身、瘦身成为少数富人才能够享受的身份标志。留给办公室白领的唯一能够让他们感到心理平衡的，就是养生这个被滥用的概念了。

其实不仅是白领，即将退休或者刚退休处于绝经期的女性，更是养生坚定不移的信众。这些女性对于自己经期结束面临的迅速衰老问题充满忧虑，每天在朋友圈里转发各式各样的"标题党"文章，见人就问："你今天喝枸杞水了没？"

《新周刊》那篇文章里提到，马拉松选手认为跑步是一种宗教，对于白领来说，养生又何尝不是呢？

推荐阅读：约翰·S.艾伦著《肠子，脑子，厨子：人类与食物的演化关系》

方言与食物里的"遗传密码"

小时候,爸妈总是嫌我做事磨蹭、拖拖拉拉,他们经常说的一个词就是"克里马擦"。那个时候,我只知道他们的意思是让我做事快点。

但我却一直疑惑,为什么在陕西话中,用"克里马擦"这个有些奇怪的词来表示"快、迅速"的意思呢?它与汉语的单音节发音完全不同,到底从何而来?

那时候的我就琢磨着,可能以前有一个叫"克里马擦"的人吧,他做事麻利、迅速,所以后来陕西话中用这个人名来指代"快"的意思。然而,"克里马擦"明显不是汉人的名字。

直到后来我才有了刨根问底的想法,就试图通过方言去研究关中地区古往今来各种文化的交互影响,特别是在读了戴蒙德的《枪炮、病菌与钢铁》一书之后,这个念头就更强烈了。

比如,"羊"这个词,从爱尔兰到印度,无论是立陶宛语、梵语、拉丁语，还是希腊语、英语，词根都比较相似。因为这些语言，都发源于同一个原始的印欧语，直到大约6000年前，它们才彼此分化，各自演变。

既然有共同的词根，就表示人们在语言分化前，早就开始驯养羊这种动物。考古证据也正好支持这一点，"羊"的驯化发生在印欧语演化之前。

另如后来才有的"枪"这个词，印欧语系的各个分支叫法差别就很大，因为在这些操持印欧语言的人扩散到世界各地，分别形成各自的方言之前，人类还没有发明出枪这种东西。这种后来出现的事物，就只能根据分化后的地方语言，分别造出不同的词了。所以，在英语、法语和俄语这些印欧语系的分支中，"枪"的叫法就风马牛不相及了。

我们也可以在汉语中找到例证。大陆和台湾在1949年之后的分隔，就造成了在这之后出现的新事物有了不同的叫法，特别是科技词语，如鼠标，台湾地区的叫法是"滑鼠"。

然而，戴蒙德的语言理论需要一个限定条件，那就是传播的单向性。举例来说，南岛人从大陆迁移至台湾，随后扩散到东南亚各岛屿和马达加斯加的过程是一个单向过程，所以后来引入的新事物，在各地南岛语言中出现不同叫法实属正常。

如果影响是双向的，或者是在全球化时代，语言的单向发展就会受到影响。例如，英语中的computer一词，在现有的欧洲很多语言里是相似的，甚至是韩语也直接使用computer一词的发音。

又如，大陆在20世纪八九十年代受港台文化影响，渐渐放弃使用一些过去普遍的叫法，如改"方便面"为"泡面"，改"自行车"为"单车"等，相互影响的例子会造成戴蒙德语言学研究方法的不适用。

很多资料中称有这样的说法：

> 中国引进外国食物有一个特点，但凡带"胡"字的，大多是在两汉、南北朝传入中国的；还有一种是带"番"字的，就是明朝以后传入中国的美洲作物；第三种是带"洋"字的，如洋葱、洋白菜等，可能是清朝末年和民国时期传入中国的。所以，带"胡""番""洋"的作物，大体上指示了这些作物传入中国的不同时代。

此种论点大致不错，后来我找到了一篇论文，作者通过对古代文本的检索和统计，以对外国人的称呼来比较对外来食物的称呼，结论大体上一致。据此也可以将外来食物名称的使用年代予以延展：

秦汉至隋唐五代，"蛮夷"这一词语频繁出现，该时期引进食物多称"胡"，例如胡椒被认为是张骞出使西域之后带回的。而胡萝卜在中国的栽培却是在14世纪之后，由此可以推测胡萝卜引进较早，却并未普遍种植。胡桃（核桃）、胡瓜（黄瓜）、胡麻（芝麻）引进中国的时代也应该是在此期间。

隋唐至明代，"番夷""蕃夷"词语使用频繁，与此对应，该时期引进食物多称"番"或"蕃"，如番茄、番石榴、番薯、番荔枝、番木瓜等。

清代至民国，使用"洋人""外国人"词语的频率增多，而该时期引进食物也多使用"洋"字，如洋葱、洋芋、洋白菜、洋柿子等。

根据戴蒙德的观点，我们也可以大体推演出中国各地方言的演变。例如，一种作物在明代传入，那么会加上"番"字，而随后在向中国各地传播的过程中，此名称会保留下来。因此，在各地方言发生分化的时候，马铃薯、西红柿等就出现了不同的叫法。

例如在西北，土豆的称呼是"洋芋"，而在江浙一带则称为"洋番芋""洋山芋""洋芋艿"，因此可以断定在这些地区中，土豆传入应该在清代后。而闽东地区则称之为"番仔薯"，以这个前提判断，称为"番"的应该是在明朝之后传入。而潮州、汕头则称之为"荷兰薯"。由此，可以从语言学上大致判断出土豆传入中国的路径应为：台湾到潮汕和闽东，再到内地各省。

再以西红柿为例，在西北称为"洋柿子"，广东称为"番茄"，而其他一些地方称为"西红柿"则是后来的称呼，由此我们也可以推测出西红柿是明代从广东传入，随后至清末传入西北的。

胡椒，我们一直以来都沿用这个最古老的称呼，因为在西汉时期传入后，由于传入年代较早，中国各地方言尚未分化，所以对于胡椒的称呼，各地大体上没有差异。

虽然这样可以大致推断出各地食物传入中国各地不同的年代，但也会有些偏差，因为可能忽略了二次或三次传入的情况。

有一项关于西红柿的研究指出：

> 西红柿大约于明万历年间传入中国两广地区，并向若干地区传播，不过种植并不普遍，或作观赏或作药用，叫名也比较统一（六月柿、番柿）。西红柿作为一种蔬菜在中国得到推广种植是很晚的事情，仅有一百年左右的历史。
>
> 现代汉语方言指称西红柿的优势词形为"番茄""西红柿""洋柿（子）"。"番茄"是随着五口通商（1842）而新生的叫法，属于学人的知识创造，主要通行于广大的南方地区。"西红柿"则是同时期产生于京畿地区的新词，湘赣闽地区晚近引种西红柿后也接受了这种说法。
>
> "洋柿（子）"是晚清时期东北地区从俄罗斯引种西红柿时兴起的叫法，在北方地区颇成势力，亦有种种变异。此外，闽台地区的"柑仔得""柑仔蜜"也颇值得注意，它们是菲律宾他加禄语kamatis的音译及流变。

方言对于外来事物（包括食物）的叫法差异，一则可以反映外来事物传入中国的不同时间，二则也可以反过来通过叫法的差异，推测出中国各地方言出现差异的大致时间。有兴趣的读者，可以通过数据来证实（证伪）这种说法。

另外需要注意的是，不像南岛语言和非洲语言分化之后，几乎再难有反作用的影响情况发生，中国历史的大一统，以及文字的一致性很可能抹平方言叫法的差异。

此外，这种研究不以汉语文字为主要方式，而是以方言中的不同叫法来判断，因此研究者可能需要掌握较强的地方语言研究能力与民俗学调查能力。

受益于戴蒙德的启发，我试图去解答儿时的疑惑。虽然网上找到了资料，说是关中方言混合了阿尔泰语与波斯语，而"克里马擦"源于古突厥语。但我并没有在现代的土耳其语和波斯语中找到类似的词语，这启发了我研究其他方言的兴趣。

例如，现在新疆人吃的馕，就是来自于波斯语中"饼"的发音；陕西美食之一的"麻食"，同样可能与波斯语的"豆子"有关；陕西话把脑袋叫作"撒"，把父亲或伯父叫作"大大"，也都可能是受了波斯语的影响。

方言就像是基因。基因可以将我们的遗传密码，通过我们的子女，不断地传递下去，而方言，也同样承载着历史与文化传统的"遗传密码"。

推荐阅读：贾雷德·戴蒙德著《枪炮、病菌与钢铁》